옮긴이 / 국정민

연세대학교 영문학과를 졸업하고 연세대학교 국제학대학원에서 석사학위를 받았다.
길르앗 상담신학원 1-4회까지 국제세미나 통역과 번역을 했으며, 탈북자 학교인
하늘꿈학교에서 한 달 간 진행된 Youth of Mission의 DTS를 통역을 한 바 있다.
현재 명덕외고 유학, 국제반 담당 강사로 활동하고 있다.

나는 사랑중독자였다

초판 1쇄 발행 2008년 2월 1일

지은이 앨리슨 메리 톰린슨
옮긴이 국정민
펴낸이 임택순
펴낸곳 웰스프링
책임편집 기록문화

출판등록 2006년 11월 24일 제 419-2006-00011호
주　　소 서울시 마포구 서교동 351-12호 1층 201호
　　　　　전화 02-3142-0605　팩스 0303-3442-7533
인터넷 홈페이지 http://www.wellspring.kr

주문처 02-3142-0605
　　　　http://www.wellspring.kr

ISBN 978-89-959108-3-2

· 값 7,000원
· 잘못된 책은 바꾸어 드립니다.
· 저자와 출판사의 허락 없이 내용의 일부를 인용하거나 발췌하는 것을 금합니다.

나는 사랑 중독자였다

앨리스 메리 톰린슨 지음 | **국정민** 옮김

이 책을 다함없는 사랑으로 나를 사랑해 주신
부모님께 바칩니다.
두 분 모두 돌아가시기 전에 예수님을 영접하여서
지금은 천국에서 하나님의 온전한 치유의 능력으로
이 땅에서 가졌던 모든 연약함과
상함을 치유받고 계심에 감사할 뿐입니다.

※ 이 책자에 동장하는 이름, 장소, 시대 배경은 개인 신변 보호를 위해 가명을 사용했다.

추천의 글

어둠에서 빛으로 나오는
용기와 소망을

우리는 살아가면서 실패, 거절, 고독 등의 감정을 느끼곤 한다. 그리고 절망 가운데 우리는 소음과 일로 삶을 가득 채우려고 몸부림친다. 주변의 소음을 잠재우고 생활의 바쁜 일정을 놓을 때 실패감, 거절감, 고독감이 우리의 정체성을 정의하게 될까 봐 두렵기 때문이다. 하지만 고요한 순간에 우리는 이러한 감정으로 압도되고 만다. 그리고 TV 리모컨을 들고 방 안을 빛과 소리로 가득 채운다. 그렇지 않으면 문을 열고 나가 다른 사람을 찾아 헤맨다. 하지만 우리가 만나게 되는 이들 또한 너무나 오랫동안 어두움 가운데 있었기에 어두움에 익숙하고 어두움을 좋아하는 사람들이다. 우리는 그들의 말에 귀를 기울이고 그들의 생각을 받아들이려고 애쓴다. 인생이 그렇게 절망적이지는 않다고 말이다.

이보다 더 심한 경우 우리는 고요함을 이기기 위해 자신의 거짓말을 마음에 품는다. 우리의 비밀을 이 세상과 우리 자신으로부터 숨겨 주는 암흑에 대해 감사하면서…. 모든 사람은 자신의 이야기를 가지고 있다. 하지만 모든 사람이 자신의 이야기를 할 정도로 솔직하지는 않다. 모든 사람은 자신만의 독특한 경험을 가지고 있다. 하지만 이렇게 독특한 경험을 잃어버린 자를 찾고 구하러 오신 하나님의 손 위에 올려놓을 때, 우리는 서로의 차이점보다는 공통점을 더 뚜렷이 볼 수 있다.

앨리슨 톰린슨의 강력한 간증은 당신의 마음을 흔들어 놓을 것이다. 그리고 그녀의 변화를 주도한 하나님은 당신의 마음을 변화시키실 것이다. 고요함을 두려워하지 말라.

당신의 이름을 속삭이는 하나님의 조용한 음성을 들을 수 있을 것이다. 눈을 열어 당신을 무너뜨리려 하는 암흑을 보는 것을 두려워하지 말라. 모든 것이 새로워질 것을 약속하는 빛 가운데로 나아갈 수 있을 것이다.

나는 앨리슨 톰린슨이 내 귀한 친구이기에 자랑스럽다. 그녀는 우리가 종종 두려워하는 길을 걷는 것을 주저하지 않는다. 그녀는 우리가 마땅히 사랑해야 하는 방법으로 사랑하는 것을 주저하지 않는다. 그녀는 소망하는 것을 주저하지 않는다. 절대로 실망하지 않는 소망을 찾았기 때문이다. 나는 이 책의 독자가 이 간증의 진솔함에 동감하고 이 간증에 녹아 있는 소망을 자신의 것으로 받아들이는 데 주저하지 않을 것을 기도드린다. "너희가 거저 받았으니 거저 주어라"(마 10:8).

에스더 버그 Esther Berg | 수영로교회 국제사역 담임목사,
전 원바이원 미니스트리스 이사

머리말

아버지의 유품 중에서 발견한 한 통의 편지

나의 아버지는 1994년에 돌아가셨다. 그리고 10년 후인 2004년에 어머니가 돌아가시자, 나는 언니와 함께 부모님이 사시던 집에 가서 두 분의 유품을 정리했다. 당시 언니는 프랑스에 살고 있었고, 나도 외국에 살고 있었기 때문에 단시간 내에 유품을 정리하는 일을 마쳐야 했다.

유품을 정리하던 마지막 날, 나는 녹이 슨 금속으로 된 박스 하나를 발견했다. 열어 보니 거기엔 60년이나 된 편지들이 가득히 들어 있었다. 편지는 아버지가 열여덟 살 무렵

2차 세계대전 때 영국군으로 참전하셨을 적에 아버지의 부모님께 보낸 편지였다. 나는 이 편지를 읽을까 말까 망설였다. 생전에 아버지께서 자신의 개인적인 것은 잘 나누지 않는 분이었기에 내가 그분의 편지를 동의 없이 읽는 것이 아버지의 비밀을 엿보는 것은 아닐까 싶어서였다. 하지만 이런 염려보다는 호기심이 앞섰다. 나는 첫 번째 편지를 읽어 나가기 시작했다.

편지의 내용보다 한 글자 한 글자 너무도 또렷하게 쓰인 아버지의 글씨체가 오히려 눈에 띄었다. 편지의 전반부는 거의 일상적인 인사와 전장의 소식을 전하는 내용이었다. 그런데 편지의 마지막 부분에 와서 나의 관심을 끄는 부분이 있었다. "영국에 돌아가면 학교로 다시 돌아가서 글씨를 잘 쓰는 걸 배우려 해요. 지금 내가 쓰는 글씨는 휘갈겨 쓰는 낙서에 불과해요." 이미 완벽한 글씨체인데 아버지는 그 글씨를 낙서라고 하면서 학교로 다시 가서라도 글씨를 바로 쓰는 법을 배우고 싶다고 말하고 있었다. 이 한 문장은 나의 아버지가 어떤 사람이었는지 잘 보여 주었다.

내가 아버지와 함께 산 35년 동안 나는 아버지가 자신의 글씨체에 대해서 어떻게 느끼시는지 알지 못했다. 솔직히 나는 아버지가 글씨체뿐 아니라 다른 일에 대해서 어떤 느낌을 가지고 계시는지 알지 못했다. 아버지는 좀처럼 자신의 감정이나 생각을 표현하는 분이 아니었다. 편지를 읽으며 생각해 보니 나는 아버지가 할아버지와 어떻게 지냈는지 들어본 적이 한 번도 없다는 것을 기억하게 되었다. 녹슨 편지함 속의 편지를 읽으며 나는 평생 처음으로 아버지의 성장 배경이 궁금해졌다. 과연 무엇이 아버지를 그토록 완벽주의에다 감정을 억압하는 사람으로 만들었는지, 그리고 아버지의 그런 성격이 어떻게 나에게까지 오게 되었는지….

한 사람의 독특한 인생 이야기이기에 이 책을 읽는 분들이 모든 부분에 공감하기는 어려울 것이다. 하지만 또 다른 차원에서 생각해 보면 나의 이야기는 모든 사람의 이야기이기도 하다. 한 세대에서 상처받은 사람들이 어떻게 다음 세대에 자신의 상처를 물려주는지, 상처가 세대와 세대에 걸쳐 악순환의 고리를 거듭하며 유전되는 것은 모든 사람에게 일어나고 있는 일이기 때문이다. 이 악순환의 고리를 끊을 수 있는 것은 오직 하나, 온전하신 하나님 아버지의 사랑뿐이다.

내가 하나님 아버지를 처음으로 알게 된 것은 열일곱 살 때였고, 그때 크리스천이 되었다. 하지만 내가 얼마나 깊이 참된 사랑을 원하고 있고, 얼마나 스스로를 소중한 존재로 느끼고 싶은지, 그 바람을 깨닫고 하나님의 사랑으로 치유를 경험하게 되는 데는 무려 29년의 세월이 더 걸렸다. 나는 하나님의 사랑에 대한 진실을 깨닫기 전 39년 동안 감정적인 공허감을 매우기 위해 이 남자 저 남자에게 매달려 살아야 했다. 남자들에게 집착하고 그들의 사랑에 애타하는 것은 내가 공허감과 존재적 불안을 해결하는 나만의 방식이었다. 아마도 이 책을 읽고 있는 당신은 나와는 다른 방법으로 공허감과 존재의 불안을 해결하며 살아왔을 것이다. 하지만 방법이 무엇이었든, 문제를 해결하는 답은 하나님 아버지를 깊이 만나는 것뿐임을 깨닫게 되길 기도한다.

이 글은 나에 관한 이야기지만, 하나님 아버지에 관한 글이기도 하다. 하나님 아버지께서 어떻게 그분의 놀라우신 사랑으로 약하고 어찌할 바 모르는 딸을 사랑하시고 도우셨는가에 관한 이야기다. 하나님 아버지는 내가 태어나기 전부터 나를 지켜 보고 계셨다. 그분은 나의 모든 눈물과 고통을 보셨고, 사랑의 팔로 나를 감싸려 하셨다. 그러나 무지했던 나는 그러한 하나님을 알아보지 못하고, 자신의 공허와 열망을 채우려 했다.

하나님은 그런 나를 오랫동안 기다리시며 인내심을 가지고 고통의 길로 통과하게 하셨다. 나는 어리석게도 그 길을 걸으며 고통을 겪었다. 마침내 나는 나를 위해 언제나 준비되어 있던 그 하나님의 사랑을 발견했다. 하나님은 그분을 온전히 신뢰할 때까지 나를 신실하게 인도하셨다. 결국 나는 그분의 한결같은 사랑과 인도하심으로 여기까지 오게 되었다. 나는 이제 하나님의 사랑을 이해할 뿐 아니라 과거의 고통까지도 하나님을 아는 데 필요했다는 것을 깨닫고 감사한다. 이 책을 읽고 있는 당신도 값을 매길 수 없는 소중한 보물을 발견하시길 기도한다.

추천의 글 · 6
머리말 · 9
1_ 잃어버린 기억들 · · · · · · · · · · · · · · · · · · · 17
2_ 마흔이 넘어서 맞은 사춘기 · · · · · · · · · · · 35
3_ 상한 사람은 상한 사람과 결혼한다 · · · · · 51
4_ 섹스 · 73
5_ 내 삶의 가장 소중한 존재, 티미 · · · · · · · 83
6_ 1992년, 지옥에서 나온 이후 · · · · · · · · · 95
7_ 은혜의 빛 가운데 일어서다 · · · · · · · · · · 107
8_ 여성으로서 정체성을 되찾다 · · · · · · · · · 119
9_ 성적 환상에서 빠져 나오다 · · · · · · · · · · 131
10_ 웰스프링 사역을 시작하다 · · · · · · · · · · 145

잃어버린 기억들

1

열일곱 살 때 크리스천이 된 후

나는 열한 살 이전의 기억을 거의 기억하지 못하게 되었다(이제는 그 기억의 일부는 되살아나 있지만). 내가 왜 열한 살 이전의 일들을 36년 동안이나 기억에서 완전히 밀어내 버렸는지는 내 나이 마흔일곱이 되어서야 은혜로운 하나님 아버지의 계시로 깨닫게 되었다.

아마 이 글을 읽는 당신은 내가 열한 살 이전에 아주 심각하게 학대를 받아서 어린 시절에 관한 기억을 내 머리 속에서 스스로 차단해 버린 것이라고 생각할지 모른다. 하지만 사실은 다른 아이들에 비해서 나는 오히려 아주 깊은 애정을 받고 돌봄을 받으며 성장한 아이였다. 나의 부모님은 어떤 경우에도 나를 고의적으로 학대하신 적이 없었고 그분들이 하실 수 있는 최선을 다해 나를 보살펴 주셨다.

하지만 그분들 역시 상처가 깊은 분들이었기에 아이가 필요로 하는 온전하고 무조건적인 사랑을 나에게 주실 수는 없었다. 나의 부모님은 자신감이 없었고, 불안정한 사람들이었기에 어린 마음에 내가 얼마나 소중한 존재인지를 일깨워 줄 힘이 없었던 것이다.

나의 어머니는 호르몬 불균형으로 인한 심각한 긴장과 우울 증세를 한 달에 3주 정도는 계속 느끼는 분이었다. 본래 신경이 불안하신 분이었지만, 특히 내가 태어나기 전에 있었던 일련의 심각한 사건들이 어머니의 상태를 더욱 악화시켰던 것 같다. 몇 달 간격으로 어머니에겐 견디기 힘든 충격들이 몰려왔는데, 먼저 외할머니가 돌아가시는 일을 겪은 직후 어머니는 남자아이를 사산했다(그 아이에게 어머니는 크리스토퍼라는 이름을 붙여 주었다).

그리고 얼마 후 외할아버지도 돌아가셔서 어머니는 연속적인 슬픔을 겪었고 그 상실감을 주체할 수가 없는 상태였다. 특히 둘째아이(사산된 남자아이, 나의 큰언니는 그때 네 살이었다)를 잃은 상실감이 너무 커서 그 상실을 채우고자 어머니는 바로 임신을 하고 싶어했다. 하지만 아버지는 이런 어머니의 생각에 반대했다. 혹시라도 또 한 번의 상실과 슬픔을 더 겪어서 아예 어머니가 회복이 안 될 정도의 상태가 될까 우려해서였다. 신기하게도 어머니의 바람대로 곧 아이가 생겼고, 남자아이를 사산한 지 일년이 채 안 되었을 때 어머니는 바로 나를 나으셨다.

물론 부모님께서 내가 큰 후에 이런 이야기를 다 해주셨기 때문에 내가 지금 이런 이야기를 할 수 있는 것이다. 어린 나이에 내가 나의 출생과 관련된 모든 사실을 알 수는 없었으리라. 그러나 부모들은 모르지만 아이들은 때론 말로 표현되지 않는 그 무엇을 본능적으로 느끼곤 한다. 어린 시절 나는 비록 태어나기 전에 죽은 **오빠**를 대신한 아이라는 것은 정확하게 몰랐지만, 내가 여자아이인 것은 운명의 장난이고 남자아이로 못 태어난 것에 대한 이상한 열등감과 죄책감을 느꼈다. 그리고 아버지는 내가 태어나길 바라지 않았던 것 같다는 느낌까지 받으며 자랐다.

나의 기억이 너무나 심하게 억압되어 있었기 때문에 이

런 느낌을 잘 이해할 수도 느낄 수도 없었다. 20대가 되어 안수기도를 받으면서 모든 기억과 감정들이 구체적으로 떠오르기 시작했다. 기도를 받으며 한 가지 영상이 내 눈앞에 펼쳐졌다. 내가 어머니의 자궁에서 나오고 있는데 어머니가 '그래, 아이는 괜찮아. 크리스토퍼는 괜찮아'라고 중얼거리는 장면이었다. 이 장면을 통해 하나님은 나의 부분적 기억 상실의 이유를 알려 주셨다. 어머니는 감정적으로 너무나 절박한 상태에서 낳은 나를 오빠의 죽음을 보상하는 것이라고 믿고 싶어했다. 그래서 나를 여자아이인 채로 받아들일 수 없었던 것이다. 20대 때 기도를 받아서 이 사실을 알 수 있었다. 하지만 내가 나 자신을 정말 여성으로 받아들이는 데는 그 후로도 26년의 세월이 더 필요했다.

나는 어머니가 아닌, 주로 아버지를 나의 역할 모델로 생각하며 그분을 닮아 성장했다. 아마도 두 가지 이유에서였으리라. 내 스스로 나를 여자아이로 인식하지 못했고, 나의 어머니가 일상적인 삶에 잘 적응하지 못하는 모습을 보면서 보통의 여자아이들이 자신의 어머니를 모델 삼아 행동을 배워나가는 것과 달리 나는 아버지를 닮아가기 시작했다.

아버지는 인생의 모든 것이 자기의 지배 아래 있다고 느껴야지 안정감을 느끼는 완벽주의자였다. 아버지는 의도적인 것은 아니지만 나도 자기와 같도록 가르치셨다. 아버지가 어떤 분이었는지를 묘사하는 게 참 어렵다. 아버지의 성격을 묘사하기보다는 구체적인 예를 들면 그분이 어떤 분이었는지 이해하기가 더 쉬우리라.

아버지는 설거지를 하실 때도 세제 액을 티스푼으로 몇 스푼인지 정량화해서 재며 사용하는 분이셨다. 칫솔질하실 때는 칫솔을 번갈아가며 늘 두 개를 사용하셨는데, 하나를 사용할 때 다른 하나가 마르도록 하기 위해서였다. 주말에도 식사시간은 늘 일정해야 했다. 점심은 오후 1시, 저녁은 5시. 만약 저녁이 5시를 10분이라도 넘기면 아버지는 짜증을 부리며 배가 고프다고 투정하셨다. 우리들이 TV를 볼 때도 채널을 함부로 돌려서는 안 되었는데, 아버지는 자꾸 채널을 돌리면 버튼이 닳는다고 하셨다.

아버지는 새로운 물건을 사시는 경우 그 물건의 장단점을 리스트로 만들어 놓았는데, 만약 자기의 물건 선택이 잘못된 것 같으면 몇 년이고 그것 때문에 스트레스를 받으셨다. 그토록 자신의 선택이나 물건에는 완벽을 기하셨지만, 자라면서 아버지가 나를 사랑한다는 느낌을 받아본 적이 전혀 없었다.

어렸던 나는 아버지의 이런 성격과 우리 집안의 분위기를 정상적이라고 생각했다. 오히려 내가 보고 배워야 할 모습이라고까지 생각했다. 내가 이런 우리 집안의 분위기를 정상이라고 생각했던 데에는 다른 가정을 본 적이 없어서 비교할 수가 없었기 때문이다. 우리 집에 다른 사람이 찾아오는 일도 없었고, 우리 가족이 다른 가족을 방문하는 일도 거의 없었다.

나는 아버지의 생활방식을 그대로 따라했지만 언니인 트리샤는 반항했다. 언니의 반항으로 인해 집안에는 팽팽한 긴장감과 마찰이 계속되었다. 나는 그런 긴장 속에서 조용히 사는 게 최상이라는 것을 곧 깨닫게 되었다. 내가 무엇을 바라는지 무엇을 필요로 하는지 부모님께 말한 적도 없었다. 부모님이 나를 돌보시려고 하지 않았기 때문이 아니라, 나의 성격 자체가 순한 편이어서 자신의 요구를 표현하고 마찰을 자꾸 일으키는 언니와 너무 달랐기 때문이다.

그러나 나는 일곱 살 때 긴장된 가정 분위기를 쇄신하기 위해 나름의 행동을 취한 적이 있었다. 어느 날 나는 집에서 어머니, 언니, 아버지 한 사람씩 방마다 찾아가서 서로 관계가 나빠서 집안 분위기가 얼마나 어색하냐며 잘 지내도록 애써 달라고 '공식적으로' 부탁했다. 일곱 살이었던 나는 그때 어머니와 언니의 반응은 기억이 잘 안 나지만, 아버지는 내 머리를 쓰다듬으시면서 한참 웃으셨다.

이 사건을 기억할 때 두 가지가 참 희한한 일이었다는 생각이 든다. 첫째로 어떻게 일곱 살짜리 아이가 어른들이 집안 분위기를 어떻게 바꾸지 못하니 자신이라도 분위기를 바꿔야겠다는 생각을 했는지 신기할 따름이다. 두 번째로는 나의 이런 '이상한' 행동을 보고도 우리 가족 누구도 그 행동을 이상하다고 생각하지 않았다는 점이다. 일곱 살 때 나의 행동은 내 자신이 얼마나 불안하고 불행하게 느끼는지 표현하는 울부짖음이었다.

하지만 나의 부모님은 이런 상태를 전혀 돌아볼 수가 없었다. 그것은 아마 그분들 또한 부모에게 제대로 된 사랑과 보호를 받지 못한 채 부모가 되어서 자신의 인생에 닥쳐오는 삶의 무게를 견뎌내는 데 너무 바빠서였을 것이다.

나의 어린 시절을 떠올릴 때 또 하나의 특이한 기억은 내가 사랑을 받는 상황에서 항상 뒷걸음쳤던 것이다. 나의 이모 중 앨리스 이모는 참 사랑이 많은 분으로서, 우리 집에 찾아오는 몇 분 안 되는 친척이었다. 우리 집에 방문하신 후 떠나실 때 앨리스 이모는 가족 한 사람 한 사람을 꼭 껴안아 주시곤 했다. 나는 앨리스 이모가 나를 껴안으려 하면 뒤로 물러서며 안기지 않으려고 했다. 이모는 이런 나를 보시며 "참, 앨리슨을 안으면 안 되지. 앨리슨은 안기는 것을 싫어하니까"라고 말씀하셨다.

내가 일곱 살 때 즈음 평생 문제가 된 남자에 대한 집착도 시작되었다. 과거를 돌이켜 보니 일곱 살 때부터 내가 마흔여섯 살이 될 때까지 내 인생에 남자가 없었던 시기가 4개월밖에 없을 만큼 나는 항상 어떤 남자든지 누군가와 관계를 맺고 있었다. 그리고 남자가 없이는 살 수 없는 상태로 살았다(물론 어릴 때는 성적 관계였다기보다는 남자아이들과 아주 친한 그런 관계였다).

내 첫 남자친구는 일곱 살짜리 폴이었다. 폴은 검은 머리에 주근깨가 있고 콧날이 약간 굽은 코를 가진 아주 매력적인 아이였다. 어느 날 학교 식당에서 우리는 함께 앉아 있다가 나는 옆에 앉아 있는 아이들 앞에서 갑자기 폴이 나의 남자친구라고 말해 버렸다. 그 후로 4년 동안 폴과 나는 단짝친구였다. 어떤 면에서 폴은 내게 대리 아버지와도 같은 존재였다. 폴은 나에게 축구를 가르쳐 주었고, '멕카나'라는 조립하는 놀이도 알려 주었다. '멋진 7인'이라는 게임도 가르쳐 주었는데, 이 게임은 남자아이들만 하는 게임이었다. 7명 각자가 한 가지 초능력을 가지고 있다고 설정하고 같이 노는 게임이었다(난 이 게임에서 항상 투명인간이 되는 초능력을 선택했다).

그렇게 4년 간 나는 '남자아이들 중의 하나'로 살았다. 나는 어떤 경우에도 여자아이들과는 놀지 않았다. 내 눈엔 여자아이들의 핑크색 프릴이 달린 드레스가 너무 싫었고, 더구나 인형을 가지고 노는 것은 세상에서 제일 따분한 일이었다. 나에겐 '멕카나'와 축구가 정말 제대로 된 놀이 같아 보였다.

놀이를 하는 것 외에 시간을 보내기 위해 내가 주로 하는 것은 음악을 듣는 일이었는데, 특히 뮤지컬, '사운드 오브 뮤직'을 열심히 들었다. 언니는 정말 춤을 잘 추었고 나는 언니처럼 되고 싶었다. 내 기억으로 언니는 나보다 더 예뻤고 인기가 많았다. 나중에 안 일이지만 언니 자신은 전혀 그렇게 느끼지 않았다고 한다.

나도 언니처럼 춤을 잘 추고 싶었다. 그래서 나는 댄스 수업에 참여했다. 언니는 나의 춤추는 모습을 보고 요정은 요정인데 마치 '코끼리같이 생긴 요정'처럼 춤춘다고 비웃었다. 그때도 어떤 형태이든 비난이나 놀림에 너무나

민감했던 나는 바로 댄스 수업을 그만두었다. 하지만 집 안에 식구들이 없고 나 혼자 있을 때면 나는 음악을 크게 틀어놓고 온 거실을 휘저으며 춤추고 또 춤추었다.

내가 나의 인생 초기 11년을 떠올릴 때 항상 떠오르는 것은 불안과 두려움이었다. 나는 이 세상에서 나의 자리를 어떻게든 만들어 보려고 몸부림쳤지만, 실패한 느낌이었다. 그래서 내가 인생에서 발견한 하나의 대응방식은 보이지 않는 아이가 되어 누군가 그 사람 뒤에 서는 것을 허락만 해준다면 그 사람 뒤로 가서 숨어 버리는 것이었다.

그리고 내가 열한 살이 되었을 때 연속적으로 충격적인 일들이 벌어졌다. 나도 다니던 학교가 바뀌었고, 언니는 영국 왕립 발레 학교에 다니기 위해 집을 떠났다. 단짝친구인 폴도 자기 아버지의 직업 때문에 우리 동네를 떠나게 되었고, 어머니는 결국 신경발작을 일으키셨다.

나는 엄마가 발작을 일으키던 순간을 또렷이 기억한다. 그때 엄마는 거실에 있었는데 갑자기 발작적으로 울고 소리 지르며 어린아이처럼 발을 구르기 시작했다. 아버지는 그런 엄마의 뺨을 쳤다. 아버지는 폭력적인 분은 아니셨다. 아버지가 어머니를 때린 이유는 발작을 일으키는 사람을 그렇게 때려야 정신이 돌아온다는 소리를 전에 누군가에게서 들었기 때문이다. 나는 이 모든 장면을 보면서 공포감에 몸이 얼어붙는 것 같았다.

나는 이때부터 그 이전의 모든 기억을 잊고 아무것도 기억을 못하는 아이가 되었고, 나름의 환상의 세계 속에 사는 사람이 되었다. 내가 도피했던 상상과 환상의 세계를 나와서 진짜 세계에 발을 붙이고 사는 것이… 내 회복에 가장 중요하고도 어려운 과제였다.

이 글의 처음에서 밝혔듯이 나는 마흔일곱 살이 되어서야 내가 왜 그런 기억 상실, 현실 도피, 상상세계 속에 살아야 했는지 알게 되었다. 2006년 '생수의 강(Living Water) 훈련 프로그램'에 참여해서 안수기도를 받는 시간이 있었다. 그때 기도를 받으면서 나는 열한 살 때 내가 본 엄마의 모습이 바로 내 기억이 막히는 원인이었음을 알게 되었다. 발작하는 엄마의 모습을 보면서 나는 엄마의 발작에 내가 책임이 있다고 느꼈다(대부분의 아이들이 부모의 정상적이지 못한 갑작스러운 행동을 보면 그렇게 느낀다). 또 그렇게 발작을 일으키는 엄마에 대해 깊은 연민을 느꼈고, 어떻게든 엄마를 돕고 싶었다. 내가 그런 상황에 전적으로 무력하고 아무것도 할 수 없다는 사실을 인정할 수 없어서 나는 열한 살 때의 나를 부정하고, 그 이전의 나를 부정해 버린 채 그 이후 36년 간 살았던 것이다.

▲ 18개월. 트리샤 언니와 함께.

▼ 다섯 살, 수련회 때.

▼ 스카보로 해변에서 언니와 함께.

▼ 초등학교 입학 무렵.

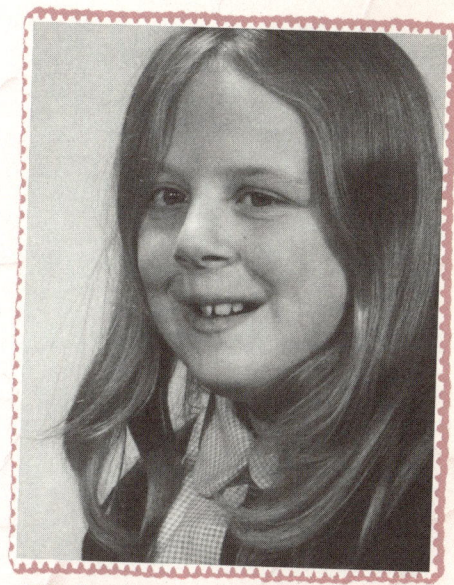

▲ 열한 살, 그 해 연속적으로 충격적인 일들이 벌어졌다.

▼ 내 삶의 가장 소중한 존재인 아들 티미의 다섯 살 때 모습.

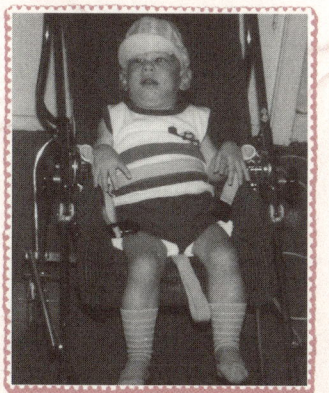

▼ 최근 나의 모습.

2

마흔이
넘어서 맞은
사춘기

정상적인 사람들에게 10대는 다른 사람들과 어떻게 관계를 맺는지 배우고 경험하는 시기다. 그러나 나는 십대일 때 이런 관계 형성을 전혀 하지 않았다. 마흔여섯 살이 넘어 하나님께서 나를 회복시키기 시작하셨을 때 비로소 관계 형성을 하기 시작했다. 다시 말해 나는 마흔여섯 살 때 새로 사춘기를 경험했다. 사춘기를 마흔이 넘어서 겪는 것은 정말 힘든 일이었다.

십대 때 가장 힘들었던 것은 친구를 사귀는 문제였다. 나의 가장 친한 친구인 폴이 떠나고, 다른 남자아이들도 더 이상 여자아이인 나를 자기들의 그룹에 끼워 주려 하지 않았다. 그러나 나는 이제 여자아이들의 세계에 속할 수도 없었다. 여자아이들이 말하는 팝음악이나 패션, 남자와의 데이트가 무엇인지조차 몰랐고, 보통 여자아이들보다 훨씬 컸던 나는 남자아이들이 보호하고 싶은 그런 이미지의 여자아이도 아니었다(나는 지금도 어깨와 등이 약간 굽은 편인데 이때부터 내 키를 너무 의식해서 등을 항상 굽게 하고 있어서 체형이 변한 것이다). 결국 나는 내가 속할 곳은 어디인가 십대 때 많이 고민해야 했다.

내가 인간관계에 문제를 가진 또 하나의 이유는 다른 사람과 대화할 때 현재에 충실한 대화를 하지 못한다는 것이다. 십대 때 꼭 한번 내게 친구 문제가 해결된 적이 있었다. 몰리라는 여자아이가 우리 학교에 전학을 왔는데, 당시 새로운 학교로 전학 온 몰리도 나와 같이 친구가 없는 신세였다. 몰리와 나는 자연스럽게 같이 어울리고 학교가 끝나면 함께 집에 오곤 했다. 그런데 문제는 몰리와 대화할 때 내가 그 대화에 전혀 집중할 수 없었다는 것이다. 내가 대화 도중 자꾸 나만의 환상의 세계로 도피해 버리고 말았기 때문이다.

학교 수업시간에는 그래도 어느 정도 집중하려 노력했

기 때문에 성적은 좋은 편이었고, 좋은 성적이 나에 대해 조금은 긍정적인 느낌을 갖게 해주었다. 하지만 거의 습관적으로 나는 학교 수업을 마친 뒤 나만의 환상의 세계로 도피해 버리는 버릇을 갖게 되었다. 결국 나는 몰리이든 누구든 다른 사람의 말에 관심을 가질 수 있는 집중력 자체를 상실한 상태였다.

어린 시절 친구였던 폴은 나와 열한 살 때 헤어졌지만 가끔은 내게 연락을 해왔다. 우리가 열여섯 살이 되던 해에 폴은 우리 집에 한 번 놀러온 적이 있었다. 폴을 다시 보게 되었을 때 약간 어색했다. 그는 내가 그 아이를 알던 때와는 많이 달라져 있었다. 하지만 폴과 다시 만난 후에 나는 하루도 그 아이를 생각하지 않고 지낼 수가 없을 지경이었다. 지금 생각하면 그때 나의 감정은 사랑이었다기보다는 한 대상에 대한 깊은 애착이었던 것 같다. 그리고 폴 이후에도 몇십 년 간 나는 한 대상에 대한 감정적 중독(집착)을 사랑이라고 착각하며 살았다.

감정적 집착이라는 것을 떠올리면 또 한 사람이 생각난

다. 어린 시절 음악 선생님에 대한 기억이다. 아홉 살 때였던가. 나는 아버지와 함께 우리 동네에 있는 음악밴드에 가입했다. 이 음악밴드 역시 나 혼자만 여자고 나머지 멤버는 다 남자였다. 내가 아빠를 따라서 그 밴드에 가입한 것 자체가 얼마나 엄마가 아닌 아빠를 닮으려 했는지 말해 주는 것 같다.

음악밴드의 선생님은 고든이라는 분이었는데, 내게 테너 호른을 가르쳐 주셨다. 고든 선생님은 정말 음악적 재능이 뛰어난 분이었다(내가 집착했던 남자들 대부분이 어느 분야에 아주 특별한 재능이 있는 사람들이었다). 나는 그분을 또 하나의 아버지로 보고 고든 선생님이 내 옆에 있다는 것에 안정을 느꼈다. 학교 콘서트 때 내가 독주회를 하고 있었을 때였다. 내가 너무나 떨고 있을 때 고든 선생님이 그 독주회장으로 들어서는 것을 보자마자 너무나 편안해 졌고, 연주도 잘 하고 공연을 마칠 정도였다.

점점 고든 선생님이 나의 환상의 세계를 채워 나가기 시작했다. 환상의 세계에서 고든 선생님은 내게 너무나 소중한 존재였고, 나는 그 사람의 영웅이 되어 있었다. 차 사고가 나서 불타고 있는 차 속에 있는 고든 선생님을 내가 구해내는 상상을 하곤 했다.

이런 나였기에 학교 친구들과 지내는 것 자체가 낯설고 충격적인 경험이었다. 영국의 십대들은 파티를 자주 한다. 즐거워야 할 파티가 나에겐 외롭고 극도의 불안을 경험하는 일이었다. 파티 때 나는 항상 왕따를 당하는 기분이었다. 무엇을 입어야 할지가 큰 문제였다. 열다섯 때 나는 새해 전야 파티에 초대를 받았다. 나는 그날 파티를 위해 엄마의 황금색 빛 드레스를 빌려 입고 화장도 하고 머리도 매만지고 파티에 갔다. 그럼에도 불구하고 나는 파티에 가기 전부터 스스로에 대해 너무 못생기고 전부 잘난 사람들 속에 혼자 이상한 존재가 될 것만 같은 기분을 느꼈다.

파티가 열리던 날 결국 파티에 못 가고, 나는 집에서 혼자 TV를 켜고 '오리엔탈 특급 살인사건'이라는 영화를 보았다. 막상 파티에 가는 것을 포기하고 나니 혼자 집에서 영화 보고 있는 게 그 어려운 '사회적 만남'을 갖는 것보다 훨씬 쉽고 편안하게 느껴졌다. 재미있는 것은 내가 주님의 은혜로 회복되던 시기에 그렇게 못생겨 보인다고 느꼈던 황금색 드레스를 입은 사진을 보았을 때, 너무나 예쁘다고 느꼈다는 것이다.

고통받고 있는 십대 중간 즈음 나는 힘들고 부정적인 감정을 좀 누그러뜨려 보고자 아예 아무 감정도 안 느끼려고 시도해 보았다. 내가 당시 느끼던 두려움, 고통, 불안감을 느끼는 것보다는 행복이든 무엇이든 아무것도 안 느낄 수 있다면 더 좋겠다고 생각했다. 말할 필요도 없이, 나의 그런 시도나 바람은 이루어질 수는 없는 일이었다.

그리고 내가 열일곱 살 때 우리 학교엔 브라이언이라는 선생님이 계셨는데, 그분은 '기독교 프로젝트'를 시행하시는 분이었다. 당시 우리 학교에 있었던 학생 중 17-18세 나이인 학생들이 기독교에 대해서 어떤 생각을 가지고 있는가를 알아내는 프로젝트였다. 이 프로젝트의 목적은 이 대상이 된 아이들을 노골적으로 전도하는 것이었다. 내가 이 전도 대상 중 하나였다. 나는 이 프로젝트에 참여할 당시 세 개의 다른 기독교 모임에 참여하고 있었는데, 기독교에 대해서 개인적으로 어떻게 생각하는지 질문을 받게 되었다.

  나는 신이 있는 것 같기는 한데 그분이 어떤 분이지 잘 모르겠다고 대답했다. 브라이언 선생님 댁에서 가진 모임이 기억나는데, 그때 한 대학생이 그 모임에 와서 간증했다. 모임이 끝난 후 그 남학생은 나에게 크리스천이냐고 물어보았다. 왠지 나는 그 질문에 모욕당한 기분이었다. '아무도 나에게 하나님이 누구신지, 어떤 분인지 이야기해 준 적이 없는데 도대체 내가 어떻게 그분을 알 수 있단 말이야.' 이런 생각이 들어서 짜증이 났다. 이런 나의 기분을 이야기하자 그 남학생은 예수님이 우리에게 하나님이 누구신지를 보여 주신 분이라고 말했다. 그리고 내가 인격적으로 하나님을 알고 싶다고 고백하고 나에게 하나님을 나타내 달라고 하면 그분께서 자신을 나타내실 거라고 말했다.

  모임 후 나는 집으로 돌아왔고, 그 남학생의 말대로 나에게 하나님이 나타나 보이도록 기도해 보는 게 좋겠다고 생각했다. 나는 그때 기도를 어떻게 하는 것인지도 몰랐지만, 일단 내 침대 옆에 무릎을 꿇고 앉아서 손을 모으고 눈을 감았다. 왠지 그렇게 하는 것이 기도자세 같았다. 그러면서도 어찌나 나 자신이 어색했던지 혹시 누가 내 방문을 열고 엿보지나 않을까 싶어 기도하는 중간에 계속 눈을 뜨고 문 쪽을 보면서 기도했다. "만약 신이 계신다면, 당신이 계시다는 것을 저에게 보여 주세요. 아멘." 그것이 나의 첫 기도 내용의 전부였고 기도가 끝나자마자 잽싸게 일어섰다.

기도 후 아무 일도 일어나지 않았다.

우리가 그 다음에 인도된 모임은 요크 지방에 있는 데이비드 왓슨이라는 부흥강사가 말씀을 전하는 집회였다. 그 강사는 말씀을 전하는 가운데 만약 우리가 사는 집에 문제가 생기면 문제를 해결할 수 있는 사람은 이 집을 지은 건축가라고 말했다. 마찬가지로 우리의 인생에 문제가 생기면 우리를 만드신 하나님께 물어볼 때만이 해결될 수 있다고 말했다. 그 강사의 말이 상당히 설득력 있게 들렸다. 나는 내 인생에 뭔가 아주 심각하게 잘못되었다는 것을 느끼고 있었고, 정말 그 문제를 해결하고 싶었다. 그래서 강사가 예배를 인도하며 '죄인의 기도'를 따라 하라고 했을 때 나는 그 기도를 따라 하기 시작했다.

다시 한 번 기도했지만 내게 아무 일도 일어나지 않았다.

그러나 이 모임 후에 나는 다시 한 번 크리스천 캠프에 인도되었다. 나처럼 사람들이 많은 곳을 싫어하고 사람 만나는 것을 꺼리는 사람이 어떻게 그 크리스천 캠프에 참여할 생각을 하게 되었는지 아직도 이해가 잘 되지 않는다. 어쨌든 나는 그 캠프에 참여했고, 나는 친구였던 실비아에게 왓슨 강사가 인도했던 예배에서 내가 '죄인의 고백'이라는 기도를 했다고 말했다.

내 말을 들은 실비아는 바로 브라이언 선생님에게 이 사실을 말했고, 브라이언 선생님은 나에게 그 캠프 기간 중 하루 저녁 때 다른 학생들 앞에서 간증해 보라고 말씀하셨다. 나는 뜻밖에 여러 사람 앞에서 간증하게 되었다. 간증하기 전 내 앞에 앉아 있는 사람들을 보면서 끔찍할 정도로 떨렸는데 그때 아주 신기한 체험을 했다. 갑자기 놀라운 평안이 나를 뒤덮는 느낌을 받았고, 내 인생에서 그때 처음으로 하나님의 임재를 경험하게 되었다. 그 순간부터 하나님은 나에게 허상이 아닌 실재가 되셨다.

이렇게 크리스천이 된 다음해부터 나는 정말 '좋은 크리스천'이 되고자 기도하고 성경도 읽으며 크리스천의 삶을 살기 시작했다. 그러나 이렇게 크리스천적인 삶을 살려고 노력할수록 나는 괴리감을 느꼈다. 기독교는 다른 사람에게 어울릴지는 몰라도 나하고는 영 안 맞는 종교 같다는 생각을 자주 했다.

이런 고민을 하는 가운데 나는 열여덟 살이 되었다. 학교에서는 A를 받아야 한다는 압박이 내 생활을 다 차지하고 있었다. 내 마음에 하나님에 대한 생각을 할 여유가 없었다. 그러던 어느 날 나는 해로게이트에 오신 에릭 델브라는 부흥강사가 인도하는 부흥집회에 참석하게 되었다. 말씀 중에 만약 우리가 이제 천국에 갈 수 있다는 사실에

흥분하지 않는다면 무언가 잘못된 것이라고 했다. 그 말이 내 마음에 강하게 와 닿았다. 나는 천국에 간다는 사실에 전혀 흥분한 적이 없었다. 모임 끝부분에 에릭 목사님은 기도하고 싶은 사람은 일어나라고 했고 나는 벌떡 일어섰다. 일어나 보니 나 혼자였다. 내가 기도받기 위해 앞으로 나아갔을 때 그분은 나에게 '성령으로 세례를 받은 적이 있느냐'고 물으셨다. 나는 없다고 대답했더니 그분은 나에게 필요한 것이 바로 성령 세례라고 말씀하셨다.

이렇게 성령 세례를 받은 후 –나는 내가 대학에 진학한 후 성령 세례를 받을 수 있도록 기도해 온 사람이 있었다는 사실을 나중에 알게 되었다– 나는 몇 주간 매우 '드라마틱'한 삶을 살았다. 꼭 구름 위를 걸어 다니는 기분이었다. 아침에 일찍 일어나서 너무 열심히 찬양을 불러 온 가족들이 괴로워할 정도였다.

2주가 지나고 구름 위를 걷는 듯한 기분은 사라졌지만, 나는 더 이상 기독교는 나에게는 맞지 않는 종교라는 생각은 하지 않게 되었다. 내가 크리스천이 되었다는 사실만큼은 이제 확실해졌다.

  이때 즈음 어떤 분이 또한 나를 위해 더 이상 원수가 나를 불안과 열등감에 붙잡고 있지 말게 해달라고 기도하고 있었다. 이 기도로 인해서인지 나에겐 놀라운 변화가 생겼다. 내가 아침을 먹기 위해 학교식당에 갔을 때 나는 빈자리를 찾았지만 없었다. 이미 다른 학생들이 앉아 있는 자리에 가서 내가 합석해도 되는지 물어야 하는 상황이었다. 그날 내가 다른 사람이 있는 자리 옆에 그냥 앉았다는 것이 나에게는 기적 같은 변화였다. 나는 이전에 다른 사람이 이미 차지하고 있는 자리 옆에 앉을 수가 없었다. 나의 존재가 너무 열등하게 느껴져서 다른 사람이 나를 거절할까 봐 그럴 수가 없었다. 그런데 그러던 내가 그날 아침 아무 자의식 없이 다른 사람들이 앉은 자리에 앉고 있는 것이었다. 이 '작은' 변화는 하나님이 나의 삶에 일하고 계심을 보여 주는 사건이었다.

  내게 이런 영적인 변화가 있었지만, 한편 어떤 대상에 대한 감정적 집착은 계속되었다. 처음엔 '빌'이었고 다음은 '키이트'였다. 나 혼자 좋아한 것이지만 나는 빌과 키이트를 떠올리며 상상 속에서 로맨틱한 관계를 즐겼다. 그 애들이 나를 알아보아 주고 나를 좋아해 주기를, 아니 사랑해 주기를 바랐다. 빌과 키이트를 그냥 놓아두지 못했고 계속해서 나와 함께 있어 달라고 매달렸다(지금도 그때를 생각하면 내가 민망해질 지경이다).

그런 감정적 집착 끝에 나는 '믹'이라는 남자를 만났다.

3
상한 사람은 상한 사람과 결혼한다

솔직히 나는 이번 장의 제목을 '내가 어디까지 어리석어질 수 있는가?'라고 짓고 싶었다. 나는 스물두 살에 한 남자를 만나 결혼했다. 그때 그 남자는 스물여덟 살이었는데 결혼 전에도 아주 과격한 성격을 가졌고 이미 한번 결혼에 실패한 경험이 있었다. 그 이전 결혼도 겨우 9개월밖에 지속되지 않았다는 것을 알고 있었다. 내가 지금 이 결혼을 돌이켜 보면 나 스스로도 어떻게 사람이 그토록 어리석을 수 있는지 믿기지 않을 정도다. 그러나 냉엄한 현실은 상처받고 아픈 데가 있는 사람은 결국 상처받고 아픈 사람을 만나게 된다는 것이다. 상한 사람이 어리석은 관계에 몰입하는 이유는 건강하고 좋은 관계가 무엇인지를 전혀 모르기 때문이다. 나 역시 예외가 아니었다.

도대체 그의 무엇에 내가 매료되었던 것일까? 우선, 지금까지 내 인생에 그 사람이 최초로 나에게 진지한 관심을 보인 남자였다는 것이 이유였던 것 같다. 우리가 처음 만났을 때 그 사람은 나에게 모든 관심을 쏟으며 선물을 쏟아부어 주기 시작했다. 자신의 스포츠카에 나를 태우고 멋진 곳에 갔다. 특히 모든 게 계획되고 절제된 집안 분위기에서 컸던 나로서는 '일단 차에 타고 어딘가 가다가 좋은 곳을 발견하면 거기서 재미있게 놀면 되지…' 라고 하는 그 남자가 너무 멋있어 보였다.

그리고 그 사람은 나를 계속 조종했다. 어떻게 나를 조종하는 사람이 멋있게 느껴질 수 있냐고 사람들은 묻겠지만, 나는 나의 상함 때문에 누군가가 나를 조종해 주길 원했다. 나에겐 실질적으로 아버지 역할을 해주는 사람이 없었기에, 나는 나보다 좀 나이가 있는 '믹'이 나를 보호하고 인도하고 나에 대해 책임을 져주는 것 같아서 그가 나에게 '이래라, 저래라' 하는 것을 사랑으로 받아들였다. 결국 믹은 이제까지 거짓된 보호 속에 살고 있던 나에게 새로운 세상을 열어준 정말 현명한 남자로 보였던 것이다.

물론 나는 믹이 굉장히 함께하기 어려운 사람이라는 것은 알고 있었다. 나는 그가 아주 폭력적이 될 수 있다는 것을 알았다. 믹은 자신이 한번은 술집에서 다른 남자를 창문 밖으로 밀어 던져 버린 적이 있다고 말했다. 또 우리가 결혼하기 전에 나는 이미 믹에게 맞아서 멍이 드는 경험을 하기도 했다. 나를 때려 놓고 믹은 "이제 당신이 무슨 짓을 할 줄 알아. 제인(그의 전 부인)처럼 나에게서 도망쳐서 엄마에게 가서 다 일러바치겠지"라고 조롱하듯이 말했다. 나는 그런 상황에서 어떻게 행동해야 할지 몰랐다.

그 상황에서 어떻게 하라고 행동지침을 준 것은 믹이었다. 아무에게도 벌어진 일을 말하지 말라는 것이었다. 설상가상으로 나는 '훌륭한 크리스천'으로서 그런 믹을 사랑해야 한다고까지 생각했다. 다시 말하지만 '내가 어쩌면 그렇게까지 어리석을 수 있었을까' 싶다. 그러나 그때의 나는 정말 어떻게 행동해야 할지 대처방식도 몰랐던 상태였다. 왜냐하면 그 이전에 누구도 나에게 사람과 어떻게 관계를 맺어야 하는지 알려 준 사람이 없었기 때문이다.

나는 인간관계에도 어떤 법칙이 있어서 그냥 따르기만 했으면 좋겠다고 생각했다. 그래서 내가 따라야 하는 완벽한 법칙, 규칙을 지키는 완벽한 크리스천이 되는 길은 믹이 나를 학대하는 것을 받아들이고 그 사람을 끊임없이 용서하며 사는 것이라고 생각했다.

만약 지금 이 글을 읽고 있는 여러분 중에 지금 이때의 나와 같이 폭력성이 있는 사람과의 관계에 들어가려는 분이 있다면 나는 진심으로 그 관계에서 이제 빠져 나오라고 권면하고 싶다. 내가 지금부터 말하려는 파괴적인 관계는 매우 자주 벌어지고 있는 관계다. 당신까지 그곳으로 일부러 들어갈 필요는 없다.

내가 지금 깨달은 것은 믹은 나보다도 더 상함이 많은 사람이었다는 것이다. 어린 시절 믹은 자기의 친엄마가 '너라는 애 자체가 악몽'이라는 소리를 들으며 큰 사람이었다. 믹은 나 이상으로 자기를 인정해 주는 그 누군가가 필요했고, 자신을 인정해 주기만 한다면 무엇이든지 할 사람이었다. 그러나 그가 자신이 인정받지 못했다고 느끼면 결과는 모두에게 끔찍했다. 결혼 후반 즈음에 나는 믹을 제대로 관찰해 보고 싶은 충동이 들었다. 그래서 하루 종일 믹이 하는 말과 행동을 비디오로 찍었는데, 믹 입에서 나오는 거의 모든 말이 인정을 바라는 말들이었다.

그 비디오를 보니 내가 그를 인정해 줄 때는 모든 것이 괜찮아 보였다. 하지만 내가 믹을 인정해 주지 않거나, 무조건적으로 좋아해 주지 않는다고 느끼기 시작하면, 그는 나를 학대하고 가구를 집어 던지고 손으로 문을 쳐서 구멍을 내고 나를 붙잡고 뒤흔드는 등의 난동을 하기 시작했다.

부분적인 기억이긴 하지만, 나는 아침에 일어나서는 아무것도 기억나지 않는 경험을 하기도 했다. 부서진 가구를 보면서 무언가 아주 안 좋은 일이 일어난 것 같기는 한데 무슨 일이 일어났던 것인지 기억이 잘 안 났다. 아무리 기억하려 해도 기억이 안 나는 경우가 많았다.

믹은 의학적으로 과잉 행동증과 함께 갑상선과 관련된 병도 가진 사람이었다. 그래서 그는 정상적인 수면을 잘 취하지 못했다. 아침에 일어나서 서서히 하루를 시작하는 일반적인 삶을 살지 못했다. 잠을 자기 위해 계속 태엽을 감아 주어야 하는 인형처럼 자신을 혹사시켜야만 간신히 밤에 잠을 잘 수 있었다. 그는 자기 삶을 사는 자체가 너무 버거운 사람이었다.

매일 나는 일을 끝내고 집에 와서 30분 동안 기도했다. 하지만 어김없이 믹은 집에 들어오자마자 이상한 행동을 하기 시작했다. 믹은 나의 몸에 아주 심한 상처를 낸 적은 없었다(가장 심한 상처는 손뼈가 부러지는 정도였다). 하지만 믹은 거의 매일 집에 들어와 나를 보면 내 머리를 벽에 쿵쿵 쳐대면서 "왜 나를 사랑하지 않는 거야? 왜" 하며 비명을 질러대고는 했다. 믹은 자기의 상함 때문에 말과 행동이 얼마나 모순이 되는지 볼 수 없었던 것이다. 이 세상에 누가 자기의 머리를 벽에 쳐대는 남자를 사랑할 수 있겠는가!

내가 믹과 사는 기간 동안 얼마나 지쳐 있었는지… 나는 기도하는 가운데 제발 믹이 나를 이번에는 제대로 다치게 해서 한 6주 정도 입원하게 해달라고 기도할 정도였다. 그렇게 해서 6주 정도라도 그에게서 벗어나 정말 쉬고 싶었다. 한번은 내가 그를 죽이는 상상도 해보았다(길게는 아니었다. 적어도 나는 크리스천이었으니까). 우연히 신문을 읽던 중 자기를 학대하던 남편을 살해한 여자에 대한 기사를 읽고 난 후, 특히 그 여자가 감옥에 들어가면서 자기 평생에 이렇게 자유롭다고 느껴 본 적이 없다고 말한 내용을 보면서, 믹에 대한 살인 충동을 느낀 적이 있었다. 그 여자는 이제는 자신이 원하는 헤어스타일대로 머리를 자를 수 있는 게 기쁘다고 말했다.

   내가 그 여자와 나를 동일시할 수 있었던 이유는 당시 믹이 나의 삶을 지배하려는 정도가 결혼 외에 어떤 인간관계도 못 맺게 할 정도였기 때문이다. 내가 누구와 전화를 하면 누구와 통화했는지 물었고, 내가 누군가를 친절하게 대하면 믹은 나만 괴롭히는 게 아니라 그 사람까지도 괴롭혔다.

믹은 나를 완전히 가두어 버렸다. 나는 이 문제를 들고 찾아갈 사람도, 말할 사람도 없는 처지였다. 더 괴로운 것은 내가 당시 다니던 교회의 사람들에게 이 문제를 이야기했을 때 그 사람들이 나의 말을 전혀 믿으려 하지 않았다는 것이다. 왜냐하면 결혼 관계 외에 교회에서나 다른 곳에서 믹은 아주 매력적이고 재미있고 늘 다른 사람을 도와주려는 사람으로 보였기 때문이다. 아무도 믹이 친밀한 관계에서 어떤 사람으로 변해 버리는지 알지 못했다.

게다가 내가 당시 다니던 교회는 믹이 이미 8년 동안이나 다니던 교회였고, 믹과 그 교회 목사님은 아주 친한 친구와도 같았다. 그 교회의 목사는 결혼관계에서 내 편의 이야기는 듣기조차 하지 않았다. 그 목사는 내가 믹의 문제를 이야기하자 믹을 두둔하며 그가 그렇게 폭발하는 것은 바로 내가 우울증에 걸려 있어서 믹을 힘들게 하기 때문이라고까지 했다.

게다가 "만약 당신이 믹에게 차갑고 감정 없이 대하는 짓을 그만두지 않으면 아주 끔찍한 일이 일어날 거라"고

경고까지 했다(그 목사가 의미한 것은 믹이 자살할지도 모른다는 것을 암시하는 것이었다). 우리 결혼의 막바지 즈음, 내가 그 목사에게 이 결혼을 더 이상 유지하다가는 나 자신이 파괴될 것 같다고 말하자, 그 목사는 만약 내가 믿음만 충분히 있다면 모든 것을 이겨낼 수 있을 거라고 말했다.

그때 나는 거의 제 정신을 잃고 사는 느낌이었다. 한 사건이 기억이 난다. 그날도 믹은 평소 때처럼 나에게 온갖 험한 말을 해대며 소리를 지르고 있었고 나는 거실에 앉아 있었다. 정말 이상한 일이 일어났다. 마치 커다란 풍선이 내 주위를 감싸면서 나를 보호해 주는 것 같더니 믹이 나한테 해대는 욕설이 마치 제3자에게 해대는 것처럼 전혀 현실로 느껴지지 않았다. 속으로 나는 "와, 이거 진짜 멋지다! 나는 이제 더 이상 상처를 느낄 필요가 없네." 풍선 속에 있는 것은 풍선 밖에 있는 것과 아주 다른 느낌이었다. 희한한 것 한 가지는 풍선 밖과 안이 같았다. 하나님의 음성은 똑 같았다. 하나님은 풍선 속에서도 여전히 나에게 부드러운 사랑의 음성으로 말씀하셨다. 나에게 이제 거짓

된 안정감에서 걸어 나와 진짜 세계로 오라고 초청하고 계셨다. 나는 하나님의 음성을 따랐고 정말 그날 하나님께서 미치기 직전인 나를 구원하시는 것을 느꼈다.

결국 그 파괴적이었던 결혼관계에서 자살을 시도한 것은 믹이 아니고 나였다. 나는 믹과 더 이상 살 수도 도망칠 수도 없었고, 교회에서도 어떤 도움도 받지 못하는 상태였다. 내 생각에 그때 그 상황에서 나오는 유일한 길은 내가 나를 죽이는 것이었다.

나는 마지막으로 믹과 함께 교회에서 상담을 받았다. 믹은 상담시간 내내 아주 불쌍한 모습으로 울면서 내가 얼마나 자기를 차갑고 냉정하게 대하는지 말했다. 카운슬러는 나를 혼내면서 왜 믹을 달래 주고 토닥여 주지 않느냐고 다그쳤다. 상담 시간 내내 나는 나에게 있었던 마지막 실낱같은 희망도 다 사라지는 느낌이었다.

상담 후 나는 바로 언니네 집에 와서 잠을 자려고 했다(믹이 나를 쫓아와서 또 언니를 괴롭힐까 봐 두려워하면서). 나는 아무리 잠을 자려 해도 잠이 오지 않았고 정말 심각하게 내일 어떤 방법으로 자살할까 궁리했다. 지금도 분명하기 어려운 것은 내가 왜 그때 하나님이 나에게 그 곳에서 나오라고 하시는 음성을 들었다고 생각하면서 신앙과 가장 모순 된 자살이라는 방법을 생각했을까 하는 것이다.

아침에 일어나 언니는 직장에 나가고 나도 언니 집을 나왔다. 그리고 나는 아침에 집으로 가서 약을 먹고 죽을 생각을 하고 지하철을 탔다. 지하철을 타고 오는 길에 그냥 철로로 뛰어 내릴까도 생각했는데 하나님께서 그것을 이상하게 막는 것을 느꼈다(이 사건 이후 십 년 동안, 나는 지하철 승강장에 서 있을 때마다 누군가가 나를 뒤에서 밀어서 뛰어 내리라고 하는 것을 느꼈다. 이런 것이 사단의 장난인 줄 알고, 원수를 예수 그리스도 이름으로 꾸짖고 나의 삶을 하나님이 주신 선물로 받아들이고 나서야 이런 공세가 사라졌다).

약을 샀다. 언젠가 약으로 자살하는데 이 약이 효과적이고 다른 ○○○○ 발견해도 죽은 것인지 금방 모른다고 들었던 것 같아서였다. 혹시 집에 믹이 있어서 약을 못 먹게 될 경우를 생각해서 약과 함께 먹을 음료수까지 한 병 샀다.

3_ 상한 사람은 상한 사람과 결혼한다

나는 집에 들어섰고 거실에 앉아 기도하기 시작했다 "주님, 죄송합니다. 저는 이제 이 방법 외에는 제가 선택할 수 있는 게 아무것도 없다고 생각해요. 저를 당신의 손에 맡깁니다." 이렇게 기도하고 나는 85알의 약을 먹고 음료수를 마셨다. 그리고 나는 이층으로 올라가서 침대에 누웠고 잠이 들고 다시는 깨지 않기를 바랐다.

그런데 10분쯤 지나자 나는 심하게 구토 증세가 일어나는 것을 느꼈다. 화장실로 가서 토하기 시작했다. 내 평생 그렇게 심한 고통을 느낀 적이 없을 정도였다. 나는 하나님께 "도대체 저에게 무슨 짓을 하고 계신 거예요?" 하며 부르짖었다. 이번엔 하나님이 응답하셨다. "나는 지금 너의 생명을 구하고 있는 거야." 그때 하나님께 내가 무엇을 해야 하느냐고 물었다. 하나님은 믹에게 전화를 해서 내가 한 일을 이야기하라고 하셨다. 하지만 수화기를 들고 전화를 걸 힘조차 없었다. 그때 전화가 울렸다. 간신히 기어가서 전화를 받자 믹이었다. 나는 믹에게 내게 한 일을 말했다. 믹은 전화를 끊었고 나는 마루에 누워서 머리를 들 힘조차 없이 그냥 누워 기다리고 있었다.

다시 한 번 전화가 울렸다. 나는 믹이라고 생각했는데 언니였다. 언니는 내 목소리가 이상하게 들린다면서 뭐가 잘못된 거냐고 물었다. 나는 그냥 피곤해서 그렇다고 말하고 전화를 끊고 다시 누웠다.

어느 정도 시간이 지나고 나자 우리 집의 문이 열리는 소리가 들렸다. 믹이 들어왔다. 믹은 앰뷸런스를 불렀고, 앰뷸런스와 같이 온 사람들이 나를 싣고 집 밖으로 나왔다. 너무나 고통스러운 가운데서도 나는 일종의 해방감을 느끼고 있었다. 먹은 약이 몸에서 돌기 시작한 것 같았다. 앰뷸런스에 나를 태운 사람이 나에게 이름을 물어 보았고, 무엇을 먹었는지도 물어 보았다(그 사람은 계속 나를 엘리라고 잘못 불렀고 내가 먹은 약이 파라세타몰(paracetamol)이라는 것을 믿으려 하지 않았다. 그 약이 사람을 이렇게까지 정신을 잃게 할 수 없다고 말했다).

앰뷸런스가 떠나고 언니가 언니 친구와 함께 집에 도착했다. 내 전화 목소리가 너무 이상했기 때문이었는지 언니는 자기 친구에게 전화를 걸어 내 상태를 이야기했고, 그 이야기를 들은 언니의 친구는 내가 약을 먹은 것을 신기하게 알았다. 그리고 곧바로 언니와 친구는 바로 내 집으로 달려 온 것이었다.

내가 병원에 도착했을 때 의료진은 위에서 모든 것을 빼어내기 시작했다. 정말 끔찍한 경험이었다. 아주 두꺼운 고무호스 같은 것을 내 목 속으로 집어넣자 나는 발버둥을 쳤다. 간호사 중 한 명이 아주 냉정하게 '그러면 더 아파요' 라고 말했다. 위 청소를 해내고 나서 파라세타몰 약 해독제를 나에게 투여했고, 나는 병실로 옮겨져 '또 한 명의 어리석은 자살 시도자' 로 취급받았다.

나는 홀로 병실에 있었다. 아무것도 해결된 것이 없었다. 잠도 잘 수 없었다. 그때 내게 있던 워크맨에 찬양 테이프 하나가 꽂혀 있었다. 나는 한 곡을 계속 듣고 또 들었다. 밤새 그 테이프를 돌려서 다시 들으며 가사에 몰입했다. 그 찬양곡이 그날 밤 나의 정신이 돌아오게 했다. 그 노래의 가사가 곧 나의 기도였기 때문이다.

오! 주여 저에게 자비를 베풀어 주시고 저를 고쳐 주소서
오! 주여 저에게 자비를 베풀어 주시고 저를 자유케 하여 주소서
나의 발을 반석 위에 두시고
내 마음에 새로운 노래를 부르게 하소서
나의 마음에
오! 주여 내게 자비를 베풀어 주소서

오! 주여, 당신의 사랑으로
당신의 은혜로 나를 보호하여 주소서
오! 주여, 당신의 길이
당신의 진리가 나를 인도하여 주소서
나의 발을 반석 위에 두시고
내 마음에 새로운 노래를 부르게 하소서
나의 마음에
오! 주여 내게 자비를 베풀어 주소서
(칼 튜틀, 빈야드 뮤직)

다음날 의사는 나의 진찰 결과를 보고 이렇게 말했다. "글쎄요, 응급실에서 이 수치를 잘못 적은 것 같은데요. 만약 당신이 파라세타몰을 이 정도로 먹었다면 지금 살아 있을 수 없을 텐데요." 오늘날까지도 나는 그때 응급실에서 실수한 것인지 정말 하나님께서 기적을 일으키셔서 죽을 나를 살리신 것인지 잘 모른다. 실수한 것이든지, 기적이었든지 중요하지 않다. 중요한 것은 내가 가장 약하고 아무것도 할 수 없는 상태에 있었을 때 하나님께서 나를 그 가운데에서 이끌어 내셨다는 것이다. 하나님은 내가 살기 원하셨고 나를 위한 계획을 가지고 계셨다.

내가 약을 먹은 다음날 믹은 나에게 아주 야한 속옷을 들고 와서 나에게 다시 사랑에 빠졌노라고 말했다. 내가 약을 먹고 토하는 것을 본 이후로 나를 더 사랑하게 되었노라고 했다. 그런 믹을 보면서 내가 그로부터 벗어나기 위해 자살을 시도할 정도였다는 현실을 보지 못하는 게 의아했고 안타까웠다.

나는 이 약 복용 사건 이후에도 무려 5년이나 믹과 함께 살았다. 믹은 계속해서 말로 나를 괴롭혔지만, 다시 때리거나 하지는 않았다. 결국 믹에게 새로운 여자 친구가 생기고 그 여자와 결혼할 마음이 생기자 나는 믹을 떠날 수 있게 되었다. 나와 이혼한 지 6주 후에 믹은 새 부인을 맞이했다. 친절하게도 내가 다니던 교회의 목사님(믹의 친구)은 내가 앞으로 무엇을 하고 살든 그것은 하나님이 나에게 주신 최선의 삶이 아닐 것이라고 말했다. 그 목사는 내가 믹과 사는 것이 하나님께 순종하는 것이었고, 그것이 하나님이 나에게 가장 원하는 것이었다고 말했다. 그 후로도 몇 년 동안 그 목사의 말은 내 마음에 남았고, 나는 하나님이 나를 다시 쓰실 일은 없을 것이라고 생각했다.

  이제 나는 그때 10년 간의 결혼생활을 돌이켜 보며 나의 상함에 참 걸맞은 결혼이었다고 생각한다. 그리고 그 경험을 지금 내 오른손 팔목에 남아 있는 희미한 상처 자국과도 같게 생각한다. 이 상처는 내가 어린아이였을 때 갖게 된 것이었다. 어느 날 놀다가 팔목에 상처가 생겼는데 나는 바로 다음날 이 상처가 낫기 시작하는 것을 보고 참 놀랐다. 그런데 하필이면 이 상처 난 자리에 어머니가 실수로 뜨거운 물을 붓고 말았다. 그래서 처음에 아무것도 아니었던 상처가 영원한 자국을 남기는 상처가 되고 말았다.

나의 상함은 주로 나의 어린 시절에서 나온 것이었다. 그러나 내가 열일곱 살 때 크리스천이 되었을 무렵부터 모든 것은 나아지기 시작했다. 그러다가 나는 어리석은 결혼을 하게 되었고 그 결과로 나는 더 깊은 상처를 받게 되었다. 나의 팔목에 난 상처처럼 그저 가벼운 상처로 남을 일이 오랜 상처로 남게 된 것이다.

지금 나는 나의 상함이 어느 정도였는지, 또 나의 전 남편의 상함이 어느 정도였는지 잘 알기 때문에, 정말로 우리의 결혼이 나아지고 좋은 결혼관계가 될 가능성이 있었을지 의문스럽다. 만약 정말 우리 각자가 상함을 회복하는 데 도움을 받고 충분한 지지를 받았다면 가능했으리라. 그러나 그런 적극적인 개입이나 도움 없이 두 사람의 상한 사람이 만들어 내는 지옥에서 나올 수 있는 가능성은 전혀 없었다.

나는 결혼생활 내내 하나님께 왜 내가 크리스천이 되었는데도 이렇게 고통받게 하시느냐고 하나님께 소리 지르고 울부짖었다. 왜냐하면 나는 크리스천이 되고 나면 인생이 좀 더 살기 쉬워질 것이라고 생각했기 때문이다. 하지만 나의 삶은 점점 더 악화되었다. 그런 불행한 삶을 살게 된 이유는 내가 하나님의 음성보다도 믹이 하는 말이나 목사가 하는 말을 더 들었기 때문이다. 하나님은 나를 사랑하시고, 나는 소중하다고 말씀하셨다. 그러나 나의 남편과 목사는 나에게 가치 없고 쓸모없는 존재라고 끊임없이 말했다.

내가 결혼 관계에서 나왔을 때 나는 다시는 인간의 음성을 하나님의 음성보다 더 우선시하거나 귀 기울이지 않겠다고 굳게 결심했다.

4
섹스

맙소사! 이런 제목을 이 장에 붙이게 되다니! 아마도 이 책을 읽는 분들 중에는 책을 훑어보다가 이 제목을 보고 바로 이 장부터 책을 읽기 시작하는 분들도 있을 것이다!

내가 이 책을 쓰고 있는 이유는 하나님께서 나를 웰스프링 사역을 하라고 부르셨다고 믿기 때문이다. 웰스프링 사역은 한국에 성이나 관계에 상처 입고 부서진 영혼들을 돕는 사역이다. 그래서 지금까지 나는 내가 얼마나 관계에서 상처 입고 아파했던가 이야기했는데, 그것은 표면적인 이야기였을지도 모르겠다. 하지만 하나님의 치유가 얼마나 깊고 놀라운 것인지 알기 위해서, 나는 나의 상함, 인간의 상함에 큰 이유가 되는 성적인 문제 역시 이 장을 통해서 이야기하려 한다.

모든 사람과 마찬가지로 나 역시 십대일 때 성에 대한 호기심이 가득했다. 하지만 십대 때 나는 누구와도 제대로 된 관계를 누리고 있지 못했다. 때문에 나의 성적 호기심은 만족되지 못한 채 남아 있었다. 내가 믹을 만났을 때, 믹은 나에게 포르노 잡지와 영화들을 보여 주었다. 그때 나는 그런 잡지와 영화를 보는 게 문제인지 몰랐다. 그냥 믹이 무지한 나를 성 교육하고 있다고 생각했다. 믹이 포르노에 중독되어 있는 것이 문제인 줄은 더욱 몰랐다.

　처음에 우리의 성생활은 괜찮은 것처럼 보였다. 하지만 이때도 나는 성관계를 할 때 상당히 감정적인 압박감을 느꼈다. 내가 전 장에서 말했듯이 믹은 아주 심하게 상대방의 인정을 필요로 하는 사람이었다. 때문에 성관계 도중이나 하고 난 후에도 자신이 제대로 했는지, 내가 만족했는지를 반드시 알고 싶어했다. 그러나 결혼 초기가 지나자 믹의 폭력적 성향이 점점 심해졌고, 우리 결혼관계가 최악이었던 6개월 기간 동안은 아주 심각한 상태로 치달았다.

믹은 일종의 폭력 패턴을 보이고 있었다. 즉 일종의 성중독 패턴을 보이고 있었다. 일주일 동안 믹이 어떤 행동 패턴을 보였는지 예를 들어 보겠다. 처음 이틀 동안 믹은 아주 괜찮은 상태로 보였다. 그리고 그 뒤 이틀 동안 그 사람 속에서 긴장과 스트레스가 쌓이는 것을 볼 수 있었다. 이때는 아주 작은 사건도 그의 스트레스 지수를 높여 놓을 수 있었다. 예를 들면 예상보다 많이 나온 전화비, 믹이 운전하고 가는데 갑자기 다른 차가 끼어들었다던가 하는 일들이 믹의 긴장도를 올려놓았다. 그리고 이틀 후가 되면, 믹은 마치 화산이 폭발하듯이 폭발하고 말았다. 소리를 지르고 가구를 집어던지는 등의 일이 약 이틀 간 지속되었다. 그리고 믹은 다시 진정하고 미친 듯이 울다가 다시는 그런 짓을 안 하겠다고 나에게 약속하곤 했다.

  하지만 믹의 분노 사이클은 다시 반복되었다. 다시, 또 다시…. 특히 이틀간의 분노 폭발 기간 동안에 믹은 소리 지르고 나를 흔들고 때리고 집안에 있는 문들을 주먹으로 때려 구멍을 내곤 했다. 그래 놓고서는 자신의 분노가 좀 누그러지는 날에 믹은 미안한 것을 '보상'이라도 하듯 나를 침대로 이끌고 가곤 했다.

처음에 나는 크리스천으로서 믹을 용서하고 믹이 원할 때에 그와 성관계를 해주어야 한다고 생각했다. 하지만 몇 개월 동안 믹의 이런 분노와 성관계 사이클을 경험하고 나자 나도 지칠 대로 지친 상태가 되었다. 나중에 내가 믹과 관계를 맺은 이유는 거절하면 그가 분노를 터뜨릴까 봐였다. 한 번은 믹이 나에게 키스를 하려는데 내가 고개를 돌려버리자 그는 분노를 폭발시켰고 나를 때릴 기세였다. 이런 폭력에 대한 두려움 때문에 그와 하는 잠자리에서 나는 마치 강간을 당하는 느낌을 늘 느꼈다.

결국 나는 믹이 나를 때리려 할 때나 나를 안으려 할 때나 늘 내가 학대받고 있다고 느끼는 상태까지 이르고 말았다. 성적 학대가 무서운 것은 하나님이 사랑의 행위로 허락하신 일을 인간이 다른 인간을 모욕하고 상처 내는 도구로 사용한다는 점일 것이다. 나는 차라리 믹이 나를 때리는 게 마음이 편했다. 적어도 그것이 더 솔직한 행동 같아 보였다.

어느 날 나는 누가복음 22장 48절을 읽었다. "유다야, 너는 인자를 입맞춤으로 팔아넘기려느냐?" 이 말씀을 볼 때 예수님도 사랑의 행위인 입맞춤으로 유다가 가장 비열한 배신행위를 하는 것에 상처를 받으셨다는 것이 내 마음에 다가왔다. 나는 결국 모든 성적인 감정을 잃어버리게 되었다. 아무런 사랑의 감정도 성적인 즐거움도 없이 성적 행위를 반복하는 것은 정말로 끔찍한 일이었다.

어느 누구도 우리의 결혼관계에 이런 끔찍한 일이 일어나고 있는 줄 몰랐다. 이때 즈음 나는 교회 목사님께 내 남편에게 너무 냉정하게 대한다고 꾸중을 들었다. 목사님은 믹이 나를 사랑해서 다가오려 하는데 나는 그로부터 자꾸 뒷걸음치고 있어서는 안 된다고 했다.

그래서 한번은 노력하는 셈치고 내가 먼저 믹과 부부관계를 시작해 보려 한 적도 있었다. 하지만 결과는 우습게도 믹은 내가 시작한 관계를 더 폭력적이고 노골적인 성관계로 이끌어 가는 것이었다. 나는 그때서야 목사님이 무엇이라 하든, 믹은 내가 주려는 사랑을 받을 수 없을 정도로 너무 상한 사람이라는 것을 알았다. 이 일이 있은 직후 나는 자살을 시도했던 것이다(지난 장에서 설명한 자살시도). 내가 자살을 시도하고 난 뒤 신체적 폭력이 멈췄다.

하지만 나는 자살 시도 후 몸은 살아남았지만, 내 안에 아주 중요한 무엇인가가 죽어 버린 느낌을 받았다. 자살 시도 후에 우리 결혼엔 더 이상한 일들이 벌어지고 있었다. 믹은 나에게 섹스를 하고 싶으냐고 물어 보곤 했다. 그러면 나는 늘 '아니' 라고 답했다. 그렇다고 믹이 멈추는 것도 아니었다. 나는 믹을 안거나 키스하지도 않은 채 그냥 가만히 누워서 믹이 내 위에서 하도록 내버려 두었고, 일이 끝난 후에 나는 목욕탕에 들어가서 울곤 했다.

이런 식의 성관계가 5년이나 지속되었다. 그리고 마침내 믹이 나에게 섹스를 원하느냐고 묻고 내가 '아니' 라고 답하자 믹이 정말 나와 성관계를 하지 않는 날이 왔다. 그 뒤 나는 믹을 떠나게 되었다.

지금 생각해 보면 내가 결혼생활에서 노력한 것은 어떻

게든지 고통을 무디게 하는 것이었다. 술을 마시는 것도 생각해 보았지만, 알코올 중독이 되어 더 큰 문제에 빠지게 될까 봐 술을 선택할 수는 없었다.

하지만, 나는 예상치 못하게 전혀 다른 중독에 빠지게 되었다. 나는 이 중독의 위험을 모른 채 그 이후 20년 간 이것에 중독되어 살았다. 바로 성적 환상에 몰입하는 중독이었다. 나는 언제부터 정확하게 이 중독에 빠지게 되었는지도 모른다. 당시 다니던 교회에 내가 좋아하던 남자 분(결혼한 분)이 있었다. 어느 날 가만히 있는데 내 마음속에 그 남자분이 성적인 이미지로 나타났고, 나는 그 상상에 나를 맡긴 채 그 상상이 나를 끌고 가는 대로 마음껏 상상하고 위로받는 기분을 느꼈다. 이 성적 상상이 곧 나의 피난처가 되었고, 밤에 잠이 들기 전에 약 두 시간 정도 이런 상상을 하지 않고는 잠을 자지 못하게까지 되었다. 나는 그 환상 속에서 누군가가 나를 원하고 사랑하고 있다고 느끼기 시작했다. 이런 상상을 하고 20년이 지나서 나는 성 중독에 대한 책을 읽으며 내가 경험했던 증상들이 성 중독에서 흔히 나타나는 증상임을 알았다.

    나는 여기까지 나의 결혼에 관한 아주 은밀한 부분까지 이야기했다. 하지만 아직 정말 더 중요한 부분은 말하지 못한 것 같다. 바로 나의 아들이다.

5
내 삶의 가장 소중한 존재, 티미

티미는 1982년 10월 17일, 아주 심한 뇌 손상을 지니고 태어났다. 울프 파킨스 화이트 증상을 앓고 있었고 팔과 다리는 전혀 사용할 수 없는 상태였다. 티미의 정신발달은 생후 6개월 정도 이상을 넘지 못했다. 그 아이는 말할 줄도 몰랐고, 다른 사람의 도움이 없이는 앉거나 손에 무엇을 쥐거나 걷지도 못했다. 하지만 그 아이는 정말 아름다웠고 하나님을 알았다.

그 아이는 너무나 큰 고통을 겪어야 했다. 티미는 처음 3년 동안 집에서 살다가 장애 아동 시설에 가게 되었다. 3년 동안 그 아이를 키우면서 나는 티미의 장애를 받아들였다. 하지만 티미가 장애로 인해서 고통받고 있는 것을 받아들이는 것이 훨씬 더 힘들었다. 티미는 계속 천식, 직장

통증, 간질 등에 시달리고 있었다.

티미가 깨어 있는 내내 엄청난 주의를 기울여야 했다. 음식을 티미에게 한 번 먹이는 데만도 두 시간이 걸렸다. 음식 먹이는 것 자체도 힘든데다 하루에도 간질약 등 여러 번 약을 먹여야 했기 때문이다. 2-3일에 한 번씩 관장도 해주어야 했다. 한번은 내가 티미를 NGT(코에서 위로 들어가는 튜브)를 이용해서 음식을 먹이고 있었는데, 사람들이 나에게 간호사냐고 물어본 적이 있을 정도였다.

티미는 그 짧은 인생을 대부분 병원에서 보냈다. 그가 18개월 되었을 때 유명했던 올몬드 병원으로 옮겨져 그곳에서 유명한 스피츠 교수에게 직접 수술을 받았다. 직장을 수술받은 것이었는데, 수술실에서 나온 티미는 비명을 질렀다. 산소방에 들어 있는 티미를 내가 만질 수도, 안을 수도 없는 것이 너무 고통스러웠다.

그런데 더 최악의 일은, 10일 후에 다시 직장이 막혔다고 해서 재수술을 받게 된 것이었다. 이번에 티미는 소리지를 힘조차 남아 있지 않은 것 같았다. 산소방에서 울먹

거리고만 있었다. 만약 누군가가 나에게 인생에서 가장 끔찍한 때가 언제였냐고 묻는다면 나는 망설임 없이 병원에서 내 아이가 아픈데 그 아이를 위해 아무것도 해 줄 수 없는 상태에서 지켜보는 것이라고 말할 것이다.

나는 몇 년 뒤 고통의 의미를 이해할 수 있었다. 나는 하나님께 내가 인생에서 겪은 고통을 하나님께 드려 그것을 사용하시는 것은 얼마든지 괜찮지만, 티미의 고통을 하나님께 맡기고 그 고통까지도 사용하시라고는 도저히 못하겠다고 솔직히 기도드렸다. 그때서야 나는 예수님이 우리를 위해 십자가에서 고통받고 있는 것을 가만히 지켜보고 계셔야 했던 하나님 아버지의 고통이 어떤 것이었는지를 조금은 이해할 수 있었다.

티미가 태어난 뒤 몇 년 동안 나는 티미의 병에 관한 책은 무엇이든지 다 읽었고 치유 세미나나 집회마다 티미를 데리고 다녔다. 하지만 하나님은 티미를 고쳐 주시지 않았다. 나는 하나님께서 티미의 병을 고쳐 주실 수 없거나 나의 고통에 대해서 하나님이 무심하시거나 둘 중에 하나라고 생각했다.

그러다 나는 치유에서 믿음이 얼마나 중요한 것인가를 읽게 되었는데, 문제는 나의 믿음이 적기 때문이라고 결론을 내렸다. 그래서 하루는 내가 티미를 바닥에 내려놓고 붙잡아 주지 않고 그 아이 혼자 그냥 걷게 하면, 하나님께서 그 아이를 반드시 고쳐 주시리라고 생각하고 행동에 옮겼다. 티미는 넘어졌고 머리를 바닥에 부딪쳐 울고 말았다. 우는 아이를 부여 앉고 나는 티미에게 잘못했다고 말하고 또 말했다.

그러던 어느 날 나는 에베소서 5장 말씀을 읽게 되었다. 말씀은 그리스도께서 교회를 사랑하사 자신을 내어 주어 교회를 거룩하게 했다는 내용의 말씀이었다. 나는 이 말씀을 통해 역사상 가장 위대한 사랑의 행위인 예수님이 희생하신 목적이 우리를 거룩하게 하기 위함이셨음을 깨닫게 되었다. 누군가를 진실로 사랑할 때 그 사람이 거룩해지는 것을 참으로 바란다는 것을 알게 되었다. 그때 나는 하나님께 부르짖었다. 나는 항상 하나님께 티미를 낫게 해달라고 부르짖었지만 티미를 거룩하게 해 달라고 기도해야 함을 알았다.

그때 티미는 장애 아동 시설에 있었다. 티미는 깨어 있을 때 내내 울고 있었다. 나는 그 시설에 가서 티미를 위해 기도해 주려고 갔다. 아이를 돌보는 분이 잠깐 자리를 비웠을 때 나는 울고 있는 티미를 위해 그 아이의 머리에 손을 얹고 기도하기 시작했다. "주님, 이 아이를 거룩하게 하여 주옵소서." 티미는 울음을 멈추고 나를 향해 활짝 웃었고 다시 울기 시작했다.

티미는 항상 그랬다. 그 아이는 항상 하나님께 반응했다. 의사들은 항상 티미가 너무 반응이 없다고 했다. 그것은 아마도 티미가 의사들이 자기를 '괴롭게' 할 것을 예상했기 때문이었을 것이다). 그러나 내가 티미에게 성경말씀을 읽어 주면 티미는 항상 반응했다. 내가 티미를 교회에 데리고 가면 티미는 찬양을 좋아했다. 설교시간에 열심히 자기는 했지만, 치유에 관한 찬양에는 더 반응을 하는 것 같았다.

그분의 음성을 들으라. 귀 먹은 자여.
그의 찬양, 말 못하는 자여,
너의 풀린 혀가 말하게 되고
너의 보지 못하는 눈이 너의 구원자가 오는 것을 보리라.
너 저는 자여 기쁨으로 인해 뛰어라.

찬양 CD 중 티미가 가장 좋아하는 노래는 앤드류 로이드의 '자비로운 예수'라는 노래다. 티미가 라틴어로 된 이 노래를 다 이해한 것은 아니지만, 나는 그 노래의 가사처럼 언젠가는 그의 고통이 끝날 것을 믿고 티미가 그 노래를 그렇게 좋아한 것이라고 생각한다.

그리고 티미는 피노키오 이야기에서 피노키오가 인형에서 사람으로 변하는 장면을 읽어 줄 때 항상 반응을 보이고는 했다. 티미는 언젠가는 자신이 자유로워지는 날이 올 것을 믿었던 것이다.

1991년 어느 수요일 늦은 밤, 나는 교회 기도모임에 참석했다가 하나님의 임재를 경험했다. 마치 하나님이 내 앞에 계시면서 내 손을 잡고 나에게 이렇게 부드럽게 말하는 것처럼 느꼈다. "나는 이제 티미를 데려가려 한다. 나는 이제 그 아이를 내게로 오게 하려 해. 내가 그 아이를 돌보아 줄 거야."

몇 달 후 티미는 또 한 번의 발작을 일으켜 병원에 입원했다. 이번에 티미는 몸무게가 너무 빠져서 뼈와 가죽만 남은 상태까지 되었고 싸울 의사도 없어진 것 같았다. 병원의 의사와 간호사들은 티미를 어려서부터 보아왔기에 절대로 티미가 병과 싸움을 포기하지 않는 아이로 알고 있었지만 이번에는 달라 보였다. 내가 티미를 병원에서 안고 나오려 할 때 그 아이는 표정으로 "엄마, 이제 충분히 고통을 겪었어요"라고 말하는 듯이 보였다.

몇 달 뒤 티미는 다시 한 번 병원에 실려 갔다. 이번에 의사들은 병의 원인을 정확하게 찾지 못하면 티미가 48시간 내에 죽을 수도 있다고 말했다. 병원 의료진이 내게 이런 상태에서 치료해도 되겠느냐고 물었다. 나는 의사들이 정확하게 무엇이 잘못되었는지를 알고 치료하는 거라면

괜찮지만 아이의 고통만 더 늘이는 치료는 받고 싶지 않다고 말했다.

나는 티미가 누워 있는 병실로 갔다. 그리고 티미에게 "티미야. 너는 곧 죽을지도 몰라. 하지만 무서워 말아라. 예수님께서 너를 돌보아 주실 거란다" 하고 속삭였다. 그리고 내가 그 아이를 영원토록 사랑할 것이고 반드시 천국에서 다시 보게 될 거라고 말했다.

의사들은 병의 원인이 무엇인지 찾아내지 못했다. 그 후로 수개월 간 티미는 살았지만, 결국 1992년 10월 2일에 모든 것이 끝났다(티미의 열 번째 생일 바로 2주 전이었다). 내가 믹과 헤어지고 티미가 있는 장애아 시설에서 가까운 곳으로 이사하려던 참이었다. 나의 부모님들도 런던에 오셔서 이사를 도와주려고 하시던 상황이었다.

전화가 울리고 병원에 최대한 빨리 오라는 연락을 받았다. 내가 병원에 도착하자 병실에는 티미가 없었다. 그때 하나님이 내게 말씀하셨다. 그의 음성은 아주 분명했다. "그 아이는 매우 안전하다. 그 아이는 안전하다. 그 아이는 안전하다."

티미가 죽은 뒤 6주 동안 나는 아무런 기도도 할 수 없었다. 아마도 이 글을 읽는 분은 내가 하나님께 화가 나서 기도할 수 없었을 거라 생각할지 모른다. 아니었다. 오히려 나는 하나님께 너무도 감사했다. 내가 너무 티미의 고통만 생각하고 낫지 않는 문제에 집착했을 때 나는 하나님이 티미를 이미 구원하셨다는 사실을 바라보지 못했다. 티미가 떠나자 오히려 그 진리가 명확하게 보였다. 만약 예수 그리스도의 십자가가 없었다면 티미를 영원히 잃어버린 것이다. 하지만 예수님의 십자가 안에서 나와 그 아이는 영원한 관계에 있다는 사실이 느껴지기 시작했다.

이전엔 하나님께 구하는 것이 너무 많았다. 그런데 이제는 구할 것이 없어 보였다. 하나님께서 티미를 구원하였고, 고치셨고, 내 아들을 자유케 하셨다. 더 이상 무엇을 구할 것이 남아 있겠는가?

6
1992년, 지옥에서 나온 이후

나는 언젠가 우리 인생에 가장 큰 트라우마(상흔)를 일으킬 수 있는 사건을 순위로 매긴 기사를 읽은 적이 있다. 순위상 아주 상위를 차지한 사건들은 헤어짐, 이혼, 집을 잃는 것, 직장이나 돈을 크게 잃어버리는 것, 사랑하는 사람을 잃는 것 등이었다. 이 모든 일들이 나에겐 같은 해에 다 일어났다.

1992년 2월에 나는 믹을 떠났다. 나는 그때 교회에서 일을 하고 있었는데 교회에서는 믹과 헤어진 후 나에게 일을 그만두라고 했다. 나는 집도, 직장도, 경제적인 안정도 모두 동시에 잃게 되었다. 1992년 6월에는 오른쪽 눈 시신경에 문제가 생겨서 눈의 시각이 아주 심하게 손상되어 지금도 여파를 겪고 있다. 1992년 10월에 아들 티미가 죽었다. 그리고 1992년 12월에 마침내 이혼했다. 그리고 1993

년 초에 나는 부모님의 집에 잠시 들어가 살게 되었다. 그 지옥 같았던 해의 충격에서 휴식을 취하며 벗어나기 위해서였다. 그러나 계획대로 삶이 조용하지 못했다. 바로 아버지가 1994년에 백혈병에 걸려 6개월 만에 돌아가시게 되었기 때문이었다.

나는 그때 상담을 받기 시작했다. 내가 믹과의 결혼을 상담자에게 설명하자 그 상담자는 "어떻게 그런 관계에서 나오실 수 있었나요? 누구도 그런 관계에서 쉽게 나오지는 못하는데요"라고 말했다. 나는 "하나님이 나를 거기에서 나오게 했어요"라고 했다. 그 상담자는 기독교인은 아니었고 일반 상담자였지만 그 상담이 나에게 큰 도움이 되었다. 그 상담자는 결코 나를 판단하지 않았기 때문이다. 내가 결혼 관계에 있는 내내 교회에서 받았던 상담에는 엄청난 비난과 훈계, 판단이 담겨 있었다. 이제 정말 역설적이게도 나는 이 세속(기독교인들이 구별하듯) 상담자에게서 판단하지 않는 상담이 얼마나 놀라운 효과가 있는지 깨닫게 되었다.

1992년에서 1997년 5년 동안 나는 만성 피로 증세와 급성 장 통증 증세를 계속 겪었다. 나는 전혀 에너지가 없었다. 얼마나 힘이 없었던지 하루에 어떤 일을 하려면 내가 가진 총에너지 양을 잘 가늠하면서 조금씩 나누어 써야 할 지경이었다. 예를 들어 아침에 샤워를 하고 나면 나는 몸에서 에너지가 많이 나가 버린 것을 느꼈다. 그리고 나서는 운동하면서 조금씩 하루 동안 써야 할 에너지를 다시 축적하고(운동이래야 동네를 4분 정도 걷는 것이었지만) 서서히 노력해서 나는 8분 가량 걸을 수 있을 정도가 되었다.

나는 5년 동안 장 통증 때문에 잠도 깊이 잘 수가 없었다. 오전에는 장의 통증이 조금 가라앉는 것 같았지만, 점심때가 지나고 나면 통증이 다시 돌아오곤 했다. 저녁때면 나는 완전히 지쳐서 누워 있을 수밖에 없었고, 이런 나를 어머니가 5년 동안이나 돌보셔야 했다.

병원에 이 문제 때문에 자주 갔지만 정확한 원인을 발견할 수 없었다. 그러다가 우연히 나는 알레르기에 대한 책을 읽게 되었다. 그 책에 나오는 대로 무기력의 원인이라고 생각되는 음식들을 하나씩 배제하고 먹는 식단요법을 해보다가, 내가 밀가루·보리·호밀 등에서 발견되는 글루텐이라는 단백질에 심한 알레르기 반응이 있다는 것을 알게 되었다. 그리고 한 영양사를 만나게 되었는데 그 사람의 도움을 받으며 나의 건강은 서서히 나아지기 시작했다.

이 시기에 나는 교회에서 몇 번 간증을 했는데 몇몇 여성분들이 나에게 찾아와 자신을 도와달라고 부탁했다. 그분들은 내가 믹과의 결혼에서 빠져 나왔고, 아들의 죽음을 잘 극복했다는 데에서 내가 무언가 그분들의 문제에도 답을 줄 수 있다고 믿는 것 같았다. 우리는 바로 서로 지지그룹을 시작했다.

나의 삶은 이렇게 서서히 나아져 가고 있었다. 하지만 여전히 해결되지 않는 문제도 있었다. 내가 이 전장에서 고백했던 성적 환상은 계속되었다. 내가 교회에서 혼자 좋아하던 남자에 대한 상상은 5년 간이나 계속되었고, 이 중독은 멈출 줄 몰랐다.

1997년 초가 되어서야 나는 그 사람에 대한 상상을 포기할 수 있었다. 하지만 4개월 후에 나는 또 다른 사람을 만났고, 그 사람이 나의 로맨틱하고 성적인 환상의 대상이 되고 말았다. 물론 이번에도 그 사람과 실제적인 관계는 전혀 없었다. 하지만 나는 내 인생이 그에게 달려 있는 것 같이 느꼈다. 그 사람이 고향을 떠난다는 사실을 알았을 때 죽고 싶을 정도였다.

그러던 중 1997년도에 나는 내 친구들이 선교사로 가서 거리의 아이들을 위해 어린이 집을 세운 혼두라스로 여행을 가게 되었다. 나는 그곳에서 겨우 2주간 있었지만, 그 경험이 나를 완전히 바꾸어 놓았다. 나는 그때 사명의 땅으로 가서 일하고 싶다는 열망을 불태웠다. 그 후 나는 영어를 가르치는 일을 배우며 외국에서 선교하는 일을 꿈꾸다가 한국까지 오게 되었다.

1998년에 나는 또 한 사람의 남자를 만나게 되었다. 이 남자는 내가 전 남편 외에 유일하게 관계를 맺게 된 남자였다(아마도 이 부분을 '내가 어디까지 어리석어질 수 있는가 속편'이라고 이름 지어야 할 것 같다). 나는 그때 서른아홉 살이었지만, 이전의 20년 간 경험한 것을 되풀이하고 있는 것 같았다. 바로 나의 상함의 뿌리가 치유되지 못해 같은 일을 반복하고 있었던 것이다. 이 남자를 딱 5분 동안 만난 나의 어머니는 '누군가를 생각나게 하는 사람'이라고 했고, 그 생각나는 사람은 바로 믹이었다.

토드는 믹처럼 폭력적인 사람은 아니었지만 마찬가지로 모든 것을 지배하려는 성격의 사람이었다. 내가 토드에게 끌린 이유도 18년 전과 마찬가지로 토드가 나에게 진지한 관심을 보였던 두 번째 남자였기 때문이다. 5개월 간 우리는 열정적인 시기를 보냈다. 나는 크리스천으로서 결혼 관계 외에는 성관계를 해서는 안 된다는 믿음이 있었다. 그럼에도 사랑받고 있다는 느낌을 위해서는 그런 믿음쯤 얼마든지 버릴 수 있다는 생각이 들었다. 토드가 원하는 것이면 나는 무엇이든지 했고, 그 사람이 나를 만지는 한, 그 태도가 어떻든지 무조건 따랐다.

토드는 나를 정말 막 대했다. 그는 나를 이용했고 학대했으며, 나를 전혀 존중하지 않았다. 우리의 관계가 지속

된 몇 개월 후, 토드는 사실 자신에게 약혼녀가 있었다고 말했다. 나는 너무 충격을 받았고 어떻게 그가 약혼녀가 있는 상태에서 나와 관계를 시작했는지 이해할 수 없었다. 그러나 그에게 약혼녀가 있다는 사실을 알았음에도, 나는 그 사람을 계속 만났다. 5개월이 지나 그가 마침내 나와의 관계를 청산했을 때 나는 그야말로 절망에 빠졌다. 나는 그가 나를 더 이상 만지고 안지 않으려 한다는 사실을 받아들일 수가 없었다. 나는 이런 나 자신을 보면서 무엇인가 아주 심각하게 잘못되어 있고, 중독 현상이 진행되고 있다는 것을 깨닫게 되었다.

그럼에도 이후 6년 동안이나 나는 토드에게 감정적으로 중독되어 있었다(우리가 서로 만나지도 않았던 상태에서). 그러나 이 시기 동안 나는 내가 하나님보다도 토드를 더 사랑하고 있고 우상화하고 있다는 것을 발견하고 그러한 감정 중독과 싸우려고 노력했다.

2002년도에 어머니는 나에게 아주 지대한 영향을 준 한 권의 책을 보내 주셨다. 그 책은 구세군을 창설한 케더린

부스와 그의 남편 윌리엄의 전기였다. 나는 그 책에서 당시 여성에 대한 편견으로 가득한 사회에서, 더구나 성경이 여성을 보조적 역할만 하도록 정했다는 믿음이 팽배한 가운데 어떻게 케더린이 여성의 역할을 이해했고 위대한 일을 했는지 보았다.

그 책은 나에 대한 새로운 사실을 깨닫게 해주었다. 나는 사실 평생 동안 내가 여자이기 때문에 스스로 이류 시민이라 생각하고 살았다. 나는 바로 나의 존재에 대한 열등감에 도전하기 시작했다. 내가 CNN에 나오는 앵커들을 보면서 속으로 '저 여자들은 어떻게 저런 일을 할 수 있는 자신감이 있을까? 그냥 여자에 불과한데'라고 생각했던 것을 돌이켜 보게 되었고, 유명한 테니스 선수였던 나브라틸로바 선수가 여성 선수에게도 남성 선수와 똑같은 상금을 달라고 요구하는 것을 보며 '정말, 맞는 말이야'라고 생각하게 되었다.

나는 성경을 다시 읽기 시작했다(영어 NIV 성경). 예수님의 말씀을 다 읽던 중 나는 예수님께서 말씀을 주신 대상이 대부분 아버지, 아들, 형제 등 남자라는 사실을 발견했다. 하나님의 영이신 성령께서는 나 자신을 여성으로 받아들이라고 말씀하시는데, 마치 성경은 여자를 제대로 된 중요한 존재로 생각지 않는 것 같아서 무척 혼란스러웠다. 성경이 잘못되었거나 아니면 내가 듣고 있는 음성이 하나님의 음성이 아니거나 둘 중 하나인 것 같았다. 나는 너무 혼란스러워 성경 읽는 것을 포기했다.

그러다가 인터넷을 찾던 도중 우연히 '성경적 평등을 위한 크리스천'이라는 단체를 알게 되었다. 그 단체에서는 성경이 여성을 억압하는 식으로 어떻게 잘못 해석되었으며, 히브리어나 그리스어로는 모든 성별을 통칭하던 호칭을 영어 성경이 어떻게 남성 형으로 바꾸었는지 자세히 설명해 주고 있었다. 예를 들어 히브리어로는 '부모들이여'라고 하는 부분을 NIV 성경은 '아비들이여'라고 번역되었다는 사실을 설명해 주었다. 그래서 나는 모든 성별을 함께 통칭하도록 번역된 현대어 NIV 성경을 사서 완전히 새로운 기분으로 성경을 읽어나가기 시작했다.

주님은 여성으로 태어난 나 자신에 대한 왜곡된 자아상을 고쳐 나가기 시작하셨다. 하지만 아직도 나는 토드에게 감정적으로 집착된 상태였다. 이 문제로부터 자유로워지는 데 오랜 시간이 걸렸다. 하지만 어머니가 돌아가셨을 때 모든 것이 바뀌었다.

7
은혜의 빛 가운데 일어서다

2004년 5월 나는 당시 한국에 있었는데 어머니를 보기 위해 영국으로 잠시 돌아갔다. 이 2주간 동안 하나님께서는 나에게 어머니를 앞으로 보지 못할 것이라고 말씀하셨다. 어머니도 이 사실을 느끼고 있는 것 같았다. 어머니는 "너에게 꼭 하고 싶은 말이 있다. 너는 딸로서 너 자신을 비난할 이유가 전혀 없어"라고 말씀하셨다. 어머니가 돌아가시고 난 후, 어머니가 살아계셨을 때 그분을 사랑하지 못했다는 자책감이 들었다. 하지만 이때 어머니가 나에게 해 준 이 말이 내게 큰 힘이 되었다. 어머니는 그런 나를 이미 용서하셨다.

내가 영국에 있던 마지막 날 우리는 집 뒷문에 함께 서서 마지막 인사를 했다. 어머니는 나를 껴안고 "너를 사랑해"라고 하셨다. 나는 "나도 어머니를 사랑해요"라고 대답했는데, 이전에는 그 말이 그렇게 쉽게 나올 수 있는 말이라는 것을 전혀 몰랐다. 그 두 마디는 우리 모녀가 서로의 얼굴을 마주 보고 마지막으로 주고받은 말이었다.

나는 한국으로 다시 되돌아왔다. 몇 달 후, 2004년 8월 27일에 언니에게서 전화를 받았다. 어머니가 몹시 위독하시다는 내용이었다. 나는 바로 비행기를 타고 영국으로 날아갔지만, 어머니가 돌아가신 지 두 시간이 지난 후에야 도착했다. 어머니는 돌아가시기 며칠 전에 목사님께 자신의 때가 다 되었으니 이제 갈 준비가 되었다고 고백하셨다고 한다. 어머니는 평안히 돌아가셨다.

인생에서 이때가 내게 너무 힘든 때였다. 그래서 나는 토드가 나를 감정적으로 위로해 주기를 바라며 의지했다. 하지만 토드는 냉담했다. 나는 내 인생에 정말 힘든 때 남자가 나에게 어떤 위로와 도움을 줄 수 없다는 것을 깨달았다. 그래서 그로부터 감정적으로 완전히 자유로워지기로 결심했다.

그런데 그렇게 결심한 뒤 4주 만에 나는 교회에서 또 한 사람의 남자를 만나게 되었고, 토드의 자리에 이 사람을 놓기 시작했다. 이 사람은 '조'라고 부르겠다. 내가 조에게 끌린 이유도 매우 단순했다. 그 사람이 나에게 친절했고 그 사람이 나의 팔을 사랑스럽게 만졌다는 이유였다. 나는 애정 결핍이 너무 심해서 누가 그저 약간 나를 부드럽게 만지기만 해도 나는 그 사람에게 완전히 빠져 버렸다.

이미 빛은 나에게 비추어지고 있었기에 이번에는 적어도 내가 내 문제를 보고 있었다. 도대체 뭐가 잘못된 것일까? 7년이나 넘게 도움도 안 되는 남자한테 집착하다가 거기서 나오기로 하고 이 어리석은 짓을 또다시 벌이고 있는 이유가 무엇인가? 도대체 나에게 무엇이 잘못되어서 이러는 것인가? 이런 생각들이 머릿속을 지나갔다.

하나님은 내게 은혜를 주셨다. 조에 대한 나의 감정이 완전히 중독에 가까웠기 때문에 나는 나의 현실을 더 잘 볼 수 있었다. 중독이 모두 그러하듯 아주 고통스러운 악순환의 고리가 돌아가고 있었다. 나는 조를 주말에만 볼 수 있었다. 월요일이면 나는 너무나 비참했다. 그 사람을 다시 볼 수 있는 주말이 오기만을 고대했다. 주말이 되면 너무 흥분되고 고무되었지만 실제로 내가 그 사람을 만났을 때는 그다지 만족스럽지 못했다. 이런 사이클이 매주 반복되고 있었다.

나는 당시 영어를 가르치고 있었는데 도저히 수업에 집중할 수가 없었다. 학생들이 수업시간에 문장 연습을 할 때면, 나의 마음은 이미 다른 데로 가고 있었고, 어느새 조에 대한 환상 속을 헤매고 있었다. 이 상황은 2005년 2월까지 몇 개월 간 계속되었다. 그러다가 드디어 내가 이런 감정 중독에서 나와서 사랑하는 하나님 아버지 품에 안기는 전환점을 맞게 되었다.

어느 토요일 날 나는 교회의 소그룹 모임에 참여하고 있었다. 그때 예수님의 실제적 임재를 느끼게 되었다. 이전에 그렇게 분명하게 예수님이 몸으로 임재해 있는 것 같은 느낌을 받지는 못했다. 하나님은 내게 아주 분명히 말씀하셨다. "우리는 이것을 함께 겪어 나갈 거야." 나는 물었다.

"뭘 겪는다구요?"

그 다음날 교회에서 나는 이번엔 성령의 실제적 임재를 경험했다. 그날 오후 교회에 모임이 있었는데, 나는 그 모임 속에서도 너무나 외로움을 느꼈다. 나는 조가 나타나서 나의 외로움을 좀 없애 주기를 바라고 있었다. 그때 마침 조가 등장했다. 하지만 조는 내게 오는 대신 다른 그룹의 사람들과 계속 이야기를 나누고 있었다. 너무나 절망감을 느낀 나는 그 자리를 빠져나와 울면서 하나님께 매달렸다. 나는 내가 몇 시간이나 울 이유가 없고 조가 나에게 잘못한 일도 없다는 것을 알고 있었다. 머리로는 말이다. 조에 대한 나의 비현실적인 기대를 그 사람이 만족시켜 줄 이유가 전혀 없다는 것도 알았다. 하지만 나는 극도의 거절감을 느꼈고, 버림받음을 느꼈다. 너무나 외롭고 혼자라는 절망 속에 갇혀 있었다.

몇 시간을 그렇게 울고 난 뒤 간신히 진정되어 기도할 수 있었다. 기도할 때 나는 아주 특이한 장면이 내 눈앞에 펼쳐지는 것을 보았다. 세 살 때의 내가 보였다. 부모님이 내 눈 수술을 하시려고 간 병원에 나 혼자 있었던 모습이다. 당시 병원에서는 수술하는 상황에서 부모님이 아이와 같이 있을 수 없었다. 수술 후에 어머니가 나에게 여러 번 나를 두고 어디로 안 간다고 확인해 주셨지만, 나는 어머니의 치맛자락을 붙들고 떨어지려 하지 않았다. 어린 나는 '내 부모님이 날 사랑하지 않는다면 아무도 날 사랑하지 않는 거잖아' 라고 생각했다. 이런 나의 모습이 보이고 하나님의 조용한 음성이 들렸다. "그 이후로 너는 평생 너를 사랑해 줄 누군가를 찾아 헤맬 거란다."

  나는 그때 하나님이 정말 무엇을 말씀하시려는지 다 깨닫지 못했다. 분명한 것은 남자에 대한 나의 감정적인 의존과 내 어린 시절과 어떤 상관관계가 있다는 것이었다. 나는 하나님의 뜻을 더 온전히 알고자 인터넷 등을 통해서 성과 관계의 상처를 다루는 기관들에 대해 조사해 보았다. 그리고 나의 감정적 집착과 중독이 일곱 살 때부터 마흔여섯 살 때까지 아주 일관되게 반복되고 있었다는 것도 보게 되었다. 이 깨달음이 두렵기까지 했다.

나는 도움이 될 만한 책들을 읽고 또 읽었다. 그리고 내 어린 시절의 경험과 감정적 집착 사이의 관계를 더 분명히 보게 되었다. 어린 시절 부모님에게서 무조건적이고 아가페적인 사랑을 경험하지 못한 것이 내 마음에 얼마나 깊은 구멍을 남겼고, 사랑을 갈구하는지 보게 되었다. 그 뻥 뚫린 마음을 채울 수 있는 단 한분인 하나님 대신에, 나는 이 남자 저 남자를 대상으로 삼아 그 사람들이 내 감정적인 필요를 채워 주기를 요구하면서 감정 중독이 생긴 것을 분명히 보게 되었다.

그때부터 하나님 자신이 나의 상담자, 치료자가 되어 주셨다. 이후 수개월 동안 하나님께서 직접 계획하시고 실행하시는 치유 과정이 진행되었다. 하나님은 나를 과거로 데려가시고 나의 고통스러운 기억 속으로 들어오셨다. 그리고 어린 시절부터 마흔여섯 살 때까지 괴롭혀 온 거절감과 외로움의 고통을 만져 주셨다. 기적적인 치유였다. 죽은 자가 살아나고 저는 자가 걷게 되고 눈먼 자가 보게 되는 그 이상의 놀라운 기적이었다.

나는 이미 29년 간 크리스천으로 살았지만, 그제야 하나님이 말씀하신 용서의 능력, 십자가의 능력, 하나님을 온전히 신뢰한다는 것의 의미, 치유의 의미를 깨닫기 시작했다. 그리고 하나님은 나에게 어떻게 살아야 하고 다른 사람과 어떻게 관계를 맺고 살아가야 하는지 밑바닥부터 가르쳐 주기 시작하셨다. 몸은 마흔여섯 살이었지만 관계를 맺는 것은 십대의 위치에서 다시 시작해야 했다.

그리고 가장 중요한 것은 이제야 하나님이 내가 평생 동안 찾아온 바로 그 남자라는 것을 알게 되었다는 것이다. 그분이 온전하고 무조건적이고 영원한 사랑으로 나를 정말 사랑한다는 것을 알았다. 그분이 나의 아버지이심을 알았고, 그분이 나를 사랑하시고, 보호하시고, 인도하시고 가르쳐 주시는 분이심을 알았다. 이 세상의 아버지는 자기의 상함 때문에 줄 수 없는 그 사랑을 하나님 아버지는 주실 수 있음을 깨닫게 되었던 것이다.

그리고 마흔일곱 살이 되던 내 생일날, 그러니까 내 인생의 전환점이 되었던 때부터 꼭 1년 후에 나는 아주 멋진 경험을 하게 되었다. 나는 교회에서 찬양을 부르고 있었다. 용서에 대한 찬양이었다. 찬양 중에 나는 나의 죄를 깊이 깨닫게 되었다. 나는 39년 동안이나 하나님보다 인간을 더 우상시하고 사랑하는 죄를 저질렀다. 인간이 할 수 없는 역할을 인간에게 채워 달라고 구걸하며 살았다. 하나님이 내게 사랑하라고 보낸 사람들을 사랑할 수도 없었다. 나의 감정적인 굶주림을 채우는 게 너무나 급급했기 때문이다. 나는 이런 나의 죄를 겸손히 인정했고, 하나님도 그런 나를 용서하셨다. 나를 용서하신 하나님의 은혜에 너무도 감사해서 나는 울었다.

내가 울고 있을 때 하나님 아버지께서 나를 안아 주셨다. 정말로 하나님 아버지께서 나를 그의 팔로 둘러 안으시는 것을 느꼈다. 내가 이 세상에 살면서 사람에게서 받아 본 그 어떤 포옹보다도 더 실제적으로 느껴지는 하나님의 안아 주심에 나는 온전히 안전함을 느꼈다. 그리고 하나님 아버지는 단 두 마디를 계속 말씀해 주셨다 "항상, 영원히… 항상, 영원히… 항상, 영원히…." 그때 나는 그분의

7_ 은혜의 빛 가운데 일어서다

사랑의 팔 안에서 내가 영원히 안전할 것을 믿게 되었다.

이때 하나님이 내게 주신 확신은 계속 나와 함께 하고 있다. 그때 이후로 나는 감정적으로 그 누구에게도 매달리지 않게 되었다. 나의 필요가 하나님의 사랑을 통해서 100퍼센트 만족되었고 항상 그러할 것을 믿는다.

이제 나는 하나님 아버지와 모든 것을 함께하고 있다. 그는 결코 나를 실망시키지 않으신다. 그리고 세상이 변했다. 나는 이런 변화를 경험한 이후 기차를 타고 여행을 하며 창 밖을 본 적이 있었다. 아름다운 푸른 들판에 하얀 새 한 마리가 있는 모습을 보았다. 이 세상에서 내가 본 피조물 중 가장 아름다운 피조물로 보였다. 분명 그 이전에 그런 새를 한두 번 본 것이 아니었을 텐데도 하나님이 새로운 눈을 주셨기에 하나님이 만드신 것들에서 아름다움을 느낄 수 있게 되었다. 하나님 아버지의 사랑이 모든 것을 아름답게 변화시켰다.

8
여성으로서 정체성을 되찾다

나는 여성이다. 이것은 너무나도 단순하고 명백한 사실이다. 그러나 나에게 있어서 이 단순한 사실을 마음 깊이 인정하고 받아들이는 데 오랜 세월이 걸렸다. 나는 마흔여섯 살이 되어서야 거울 앞에 서서 나 자신을 한 여성으로서 매력적이고, 하나님이 주신 여성적 아름다움을 가진 존재로 볼 수 있었다.

나는 이 책의 1장과 2장에서 어린 시절, 내가 남자아이를 대신해서 태어난 아이여서 여자아이가 아니라고 생각했다고 말했다. 커오면서 나는 내가 남자가 아니라는 사실이 너무 화가 났다. 남자는 인생의 모든 영역에서 훨씬 유리하고 특히 크리스천 세계에서는 더 그렇게 보였기 때문이다.

내가 인생에서 만난 남자들 중 어떤 사람들은 자신들이 여자보다 우월하다고 생각했고 나는 그 생각에 동의했다. 나는 여자들이 더 어리석고 감정적이고, 비합리적이라고 생각했고, 내가 여자 중의 하나로 여겨지는 게 불쾌했다. 나는 여자답게 옷을 차려입는 데에도 전혀 자신이 없었다. 나는 청바지와 티셔츠를 즐겨 입었고 옷을 입을 때 어떻게 보이는지 별 관심이 없었다.

나는 평생 다른 여성에게 성적으로 이끌려 본 적은 없었다. 하지만 내가 회복되는 기간에 책을 읽는 가운데 동성애자에 관한 부분을 읽을 때 나와 비슷한 점을 많이 발견했다. 나는 종종 꿈을 꾸곤 했는데 그 꿈의 내용이 참 이상했다. 내가 결혼하러 교회에 갔는데 내 배우자가 여자인 것이다. 꿈속에서 나는 이런 생각을 했다. '이상하다. 우리 둘 중 하나는 남자여야 하는데…'

아무래도 내 삶엔 성별의 혼란이 있었던 것 같다. 내 자신의 성별에 대해서 확신이 안 서니 남자와 여자 어느 쪽과도 제대로 관계를 맺지 못했다. 그리고 내 자신에 대해서 깨닫게 된 것은 내가 매력을 느꼈던 남자들이 모두 공통적으로 남성적이지 않았다는 사실이다. 아마도 그들이 남성성이 부족하다는 것이 내가 여성성이 부족하다는 것과 서로 맞는다고 생각해서 내가 그런 남자들에게 매력을 느꼈던 것 같다.

비록 내가 여자가 아닌 남자에게 이끌리기는 했지만, 내가 보였던 감정적인 집착은 레즈비언 여성들 관계에서 나타나는 것과 비슷했다. 하나님께서 나의 상함의 근원을 보여 주시고 내가 하나님만을 통해서 나의 감정적 필요를 채우기로 한 이후에도, 나는 내가 과거에 빠져 있던 관계의 패턴으로 돌아가는 것이 아닌가 불안할 때가 많았다.

2006년도 말, 나는 한 젊은 남자를 알게 되었다. 이름을 트로이라 하자. 우리는 서로 친구가 되었다. 그냥 우정의 관계였지만 그 관계 초기에 나는 예전과 똑같은 중독적인 패턴이 나타나는 것을 느끼고 놀랐다. 나는 곧바로 하나님께 나아가서 이 문제를 기도드렸다. 차라리 트로이와 관계도 끝내고 한 1년 간 어떤 남자도 알고 지내지 않고, 내가 완전히 관계 중독, 감정 중독의 문제에서 나올 때까지 혼자 있어야 하는 게 아니냐고 여쭈어 보았다. 하나님의 응답은 단순했다. "너는 언젠가는 어떤 남자든지 그 사람과 제대로 관계를 맺는 법을 배워야 할 것이다. 그 사람이 지금의 트로이이든지 아니면 다른 사람이든지." 그리고 하나님께서는 나에게 벌어지고 있는 일이 무엇인지 하나의 그림으로 분명히 보여 주셨다.

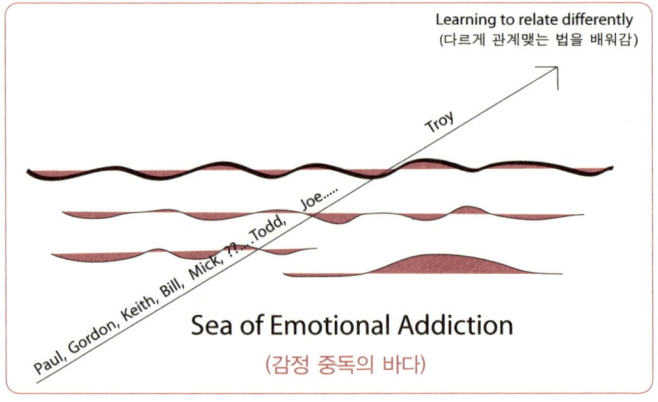

이 그림에서, 나의 감정적인 중독은 바다로 표현되었다. 처음에 나는 토드와 조 같은 남자들에게 완전히 감정적으

로 중독되어 있었고 그 바다에 빠져 있었다. 하지만 하나님께서는 나를 그 바다에서 나오게 하셨다. 그러고 이제 어떻게 남자와 제대로 관계를 맺는지 배워야 하는 위치에 있었다. 내가 트로이를 만난 지점이 바로 그 지점이었다. 나는 과거의 바다로 다시 끌려 들어갈 수도 있고, 새로운 관계로 나아갈 수도 있는 위치에 있었던 것이다.

트로이를 만나면서 과거로 돌아가는 느낌도 있었다. 내가 그를 필요로 할 때 감정적인 중독증상이 나타났다. 특히 내 눈이 아픈 문제를 그 사람이 도와주기를 바랐는데, 그 사람이 나를 실망시켰다고 생각했다. 이런 증상을 느낄 때 두렵기도 했지만, 다행인 면은 내가 과거에 다른 남자들에게 보였던 감정적인 중독 증세보다는 훨씬 가벼운 정도였다는 것이다. 그리고 내가 예수님의 십자가 아래 이 중독의 문제를 내려놓으면 곧 사라지리라는 믿음이 내 마음에 있다는 것이 전과는 달라진 점이었다.

시간이 경과되면서, 나의 중독된 감정들이 점점 덜 자주 찾아왔고 강도 역시 약해졌다. 내가 이 땅에 사는 동안 이 중독이 완전히 끊어지는 그날이 올지 솔직히 잘 모르겠다. 감정적인 중독은 아마도 평생 동안 늘 조심하고 싸워야 하는 문제일 것이다. 그러나 그 문제보다 더 중요한 것은 '내가 하나님 아버지와 늘 가까이 교제하고 있다는 것과 예수 그리스도의 십자가의 능력에 온전히 의지한다'는 사실이다.

내가 나 자신을 여자로서 받아들이는 가장 극적인 변화는 2005년 어느 날 찾아왔다. 나는 그날 금식하며 기도하기로 작정했다. 너무 심각한 문제가 몇 가지 있었기 때문이다. 기도하던 중 하나님께서는 내게 트로이의 사진을 가져오라고 하셨다. 그것은 내가 가장 하기 싫은 일이었다. 하지만 하나님은 계속해서 내게 그 사진을 가져오라고 하셨다.

그래서 나는 그 사진을 하나님 앞에 가져갔다. 내가 그 사진을 보자 하나님은 왜 내가 그 사람을 매력적으로 느끼는지 물어 보셨다. 나는 그 사람의 입과 턱의 선을 가리키며 여기가 매력적이라고 말했다. 그때 나의 마음에 또 하나의 사진이 지나갔다. 바로 내가 열 살 때 가장 친했던 폴의 사진이었다. 그리고 내가 폴과 어떻게 친하게 되었는지 그 계기가 정확하게 기억이 났다. 내가 일곱 살 때 학교 식당에 있는 나무 테이블에 앉아 있었는데 바로 옆에 폴이 앉아 있었다. 그리고 다른 애들 앞에서 나는 폴을 내 남자친구라고 선포하고 있었다. 내가 그렇게 한 이유는 나 스스로는 아무 매력이 없는데, 폴이 너무나 매력적인 애라고 생각해서였다. 그 애와 친해지고 그 애 옆에 있음으로써 내가 매력적으로 보일 수 있다고 생각했던 것 같다.

이 사건이 정확하게 기억이 났다. 하나님은 그때 내가 폴을 이용한 것이라고 꾸짖으셨다. 하나님은 내게 그 죄를 회개하라고 하셨고 나는 회개했다. 그러자 또 하나의 영상이 내 눈앞에 펼쳐졌다. 해리포터 책에 나오는 에리세드의 거울이 보이더니 내가 그 거울에 나를 비추어 보고 있었다. 이 거울은 나 자신의 모습을 있는 그대로 보여주는 것이 아니라 내가 바라는 나를 보여 주고 있었다.

그 거울 속엔 폴이 있었다. 이렇게 거울을 보고 있는 내 옆에 예수님이 계셨다. 그리고 내게 물으셨다. "내가 이제 이 거울 속의 폴의 자리를 차지해도 되겠니?" 나는 "예, 그런데 그래도 이상할 것 같아요. 예수님도 남자잖아요"라고 대답했다. 순간 그 거울 속에 예수님이 보였고, 그리고 바로 나의 모습으로 바뀌었다. 그런데 거울에 비친 나의 모습은 내가 맞는데 지금까지 내가 생각해온 나의 모습이 아니었다. 참 매력적인 여자의 모습, 화장도 하고 아름다운 옷도 입고 자신 있게 미소 짓고 있는 모습이었다.

나는 기도를 마치고 장식장에 쑤셔 박아 두었던 화장품들을 꺼냈다. 웬만해선 바르지 않던 메이크업 용품들이었다. 하나씩 발라 보면서 거울 속의 나를 보았다. 그러면서 내가 46년 동안 보지 못한 나의 모습을 보기 시작했다. 이전에 나는 거울에 나 자신을 비춰 보면 끔찍하다고 생각했다. 너무 끔찍해서 아름다워지려고 화장을 하는 것 자체가 이상하다고 생각했다. 그런데 지금 보는 나는 화장을 한 더 아름다운 모습이었다.

얼마나 놀라운 자유이고 깨달음이었는지! 하나님은 그

때 평생 동안 내가 나 자신을 얼마나 거절해 왔고, 얼마나 다른 사람을 통해서 나를 발견하려 해왔는지 보여 주셨다. 나는 자신을 거절하고 버림으로써 얼마나 하나님을 슬프시게 했고, 나를 발견하려고 사람들을 이용했는지 보게 하셨다. 그리고 내가 누구인지, 나의 정체성을 알게 해줄 분은 하나님 한 분뿐임을 알게 하셨다. 오직 그분을 바라봄으로써 나 자신을 받아들일 수 있음을 알게 하셨다.

나는 나가서 메이크업 도구들을 사고, 새 옷도 사고 머리도 새롭게 바꾸었다. 거울을 보자 아주 매력적인 여인이 서 있었다. 나는 그런 내 모습을 받아들이고 이제 편안하고 행복하다. 나 자신에 대한 관점이 완전히 바뀌었다. 여전히 나는 청바지와 티셔츠를 더 편하게 여기지만, 메이크업과 옷을 어울리게 할 줄 알고 색도 맞추어서 옷을 입는다. 액세서리를 하는 것도 좋고, 특별한 때 정장을 입고 제대로 꾸미는 것도 좋아하게 되었다. 무엇보다도 내가 여성이고 여성의 세계에 속해 있다는 것을 확실하게 알게 되었다.

생전 처음으로 나는 다른 여성들이 무엇을 입는지 눈여

겨보게 되었다. 신발이나 시계 같은 세부적인 것까지 보게 되었다. 남자들이 무슨 옷을 입는지도 보게 되었다. 내가 예전에 몇몇 남자에게 감정적으로 집착되어 있을 때 다른 남자들이 일반적으로 무엇을 입는지는 눈에 들어오지도 않았다. 물론 지금도 지하철에 너무 매력적인 남자가 타거나 하면 나는 빠져들지 않으려고 눈길을 돌린다.

 나는 이제 남자에게 중독되지 않고 남자를 있는 그대로 볼 수 있게 되었다. 그리고 여성에 대해서도 과거에 여성들을 어리석고 감정적이고 비합리적인 존재라고 보던 생각이 얼마나 잘못되었는지도 알게 되었다. 여성은 하나님이 주신 고유한 관계 맺는 능력, 돌보는 능력, 민감성과 직관을 가진 존재임을 알게 되었다. 여성성 속에 있는 힘을 보게 되었다. 그리고 내가 그 중에 한 사람인 것이 이제 자랑스럽다.

9
성적 환상에서 빠져나오다

회복 과정에서 내게 있었던 가장 치열한 싸움은 내가 36년 동안이나 빠져 있던 환상의 세계에서 빠져 나와 실제 세계에서 살아가려는 것이었다. 다른 사람들은 나와는 정 반대 방향으로 회복의 과정을 겪기도 할 것이다. 아마도 가장 치열한 싸움은 우리 마음속에서 벌어지는 싸움일 것이다.

회복 기간 중 하나님이 내게 명하신 첫 번째 것은 성적 환상을 멈추라는 것이었다. 성적 환상이 얼마나 인격과 관계를 망가지게 하는지 나는 분명히 알게 되었고 나는 그 죄를 멈추게 되었다. 성 중독에 빠져 있는 사람은 지금 나의 이런 말이 믿기 힘들지도 모른다. 도저히 멈출 수 없는 것이라고 생각할지 모른다. 치유가 가능했던 것은 하나님께서 성 중독의 죄를 버리라고 내게 명하시기 이전에 나의 가장 깊은 상함을 하나님이 이미 깊이 만지셨기 때문이다. 나는 여전히 그 성적 환상을 가지고 있었고 즐기고도 싶었지만, 내가 왜 그 환상을 버려야 하는지 더 명확하게 알게 되었다. 물론 유혹은 남아 있고 내 평생에 계속될 것이다. 하지만 이제 나는 그 유혹이 벌어지자마자 예수 그리스도의 십자가에 그것을 가져가야 함을 이해하게 되었다.

두 번째로 하나님께서 나의 생각의 세계에서 버리라고 하신 것은 로맨틱한 상상이었다. 이번 명령은 조금 더 따르기가 힘들었다. 왜냐하면 로맨스에 대한 상상은 성적 환상만큼 금방 눈에 띄는 것도 아니었고 회색지대에 있는 것처럼 경계가 모호했기 때문이다.

하나님께서 내게 이런 모든 상상을 멈추라고 하시는 날이 왔다. 하나님께서 내게 이 명령을 하실 때 나는 환상의 세계에 자주 빠지는 정도가 아니라, 아예 환상의 세계 속에서 살아왔음을 알게 되었다. 내게는 환상의 세계가 오히려 실제의 세계였다. 오직 현실에서 정말 무언가에 집중해야 할 때만 잠시 빠져 나와 현실에 있다가 돌아가곤 했던 세계였던 것이다. 하나님께서는 내게 그 환상의 세계, 도피의 세계에서 나오라고 명하셨다. 나는 순종하고 싶었지만 무엇을 해야 하는지 몰랐다. 환상 없이 생각한다는 게 어떤 것인지 막연할 정도였다.

다음날 아침에 일어나자 문제가 얼마나 심각한지 절실히 다가왔다. 잠이 덜 깬 상태에서, 비몽사몽간에 나는 습관적으로 환상의 세계 속으로 들어가고 있었다. 미래에 벌어질 멋진 일에 대한 상상이었다. 순간 나는 존재하지 않는 세계 속에 갇혀 살아왔고, 환상에 빠지는 것은 내 뼛속까지 깊이 스며든 생활 방식이 되었음을 깨달았다. 내가 지난 36년 간 세상에 대처해 온 하나의 삶의 방식이 바로 환상으로 도피하는 것이었다. 이제 거기에서 어떻게 빠져 나올 수 있는지 잘 몰랐다.

처음 사흘 동안 나는 스스로 빠져 나와 보려고 노력했지만 실패했다. 오히려 깊은 외로움과 공허감이 몰려왔다. 도피할 수 있던 세계가 사라지니 위안이 되던 것이 없어져 상실감이 들었다. 받아들이기 힘든 현실을 피해 숨을 곳이 없자 잔인한 현실이 너무나 끔찍하게 느껴졌다.

하나님께서 내게 하라고 명하신 모든 것을 나는 치유 과정에서 따라하고 있었다. 하지만 환상의 세계를 포기하는 것은 내 힘으로 할 수 없었다. 나는 내가 스스로 이 일을 할 수 없음을 인정하면서 그래도 변화받고 싶다고 하나님께 나 자신의 소원을 드렸다. 오로지 주님만이 이 일을 하실 수 있다고 고백하면서….

2006년 4월 6일 나는 일기에 이 선언서를 쓰고 그 밑에 사인했다.

"나, 알리는 이제 현재의 삶을 사는 것을 배우는 일에 나 자신을 바친다. 나 스스로는 이 일을 이룰 수 없다. 그러나 나는 하나님의 은혜를 믿고 내가 지금까지 붙잡아온 로맨틱한 환상보다 훨씬 더 좋은 것을 하나님께서 내게 주실 수 있음을 믿는다. 나는 오늘의 삶을 사는 것을 선택한다. 온전해질 것을 선택한다. 하나님이 나를 위해 예비하신 풍성한 삶을 선택한다. 나의 모든 감정을 100퍼센트 주님의 손에 맡긴다. 나의 로맨틱하고 성적인 모든 필요와 욕망을 주님의 손에 100퍼센트 맡긴다. 오직 당신만을 신뢰한다."

앨리슨 메리 톰린슨

내가 이 선언문을 쓰고 난 이틀 후 하나님께서 내게 이렇게 말씀하시는 것을 느꼈다.

"안녕, 알리. 나는 너의 하나님 아버지란다. 반갑구나. 현실의 세계로 온 것을 환영한다."

회복은 서서히 진행되었다. 환상의 세계가 나에게서 하나씩 제거될 때마다 나는 공포감을 느꼈다. 그런 상황을 통제할 수가 없었기 때문이었다. 예전에 나는 미래의 멋진 일을 상상하거나 과거의 좋았던 순간으로 도피하면서 시간을 통제할 수 있었는데, 이제는 현실의 어려움들과 차가운 현실의 문제들을 하나씩 직면하고 해결해 나가야 했다.

모든 상황을 통제해야 안정감을 느끼던 완벽주의자 아버지 밑에서 크면서 나 역시 상황을 내가 통제하고 있는 느낌이 안 들면 몹시도 불안했다. 상상의 세계가 없어지자 제일 괴로운 것은 시간에 대해 내가 통제력을 상실하는 느낌이었다.

2006년 6월 13일에 언니가 나와 아버지에 대한 하나의 환상(비전)을 보았다고 연락했다. 나는 일기에 언니가 본 비전을 통해 하나님께서 나에게 완벽주의 중독에 대해 말씀하고 계심을 느낀 대로 적었다.

"오직 질서와 균일함이 이 중독을 만족시킨다. 개성이나 선택은 없다. 너는 로봇과 같이, 정해진 방식으로 행동하도록 길러진 것이다. 네가 실제 삶에 맞닥뜨려 다른 사람들은 로봇 같지 않다는 것을 알았을 때, 길을 잃은 느낌이었다. 아버지가 만들어놓은 허상의 완벽한 세계가 아닌 세계에서 어떻게 살아야 하는지 너는 전혀 몰랐기 때문이다. 너는 아버지의 중독에 빠져들었던 것이다. 진정한 너 자신으로 성장할 수 없었던 것이다. 이제 네가 해야 할 것은, 아버지가 너에게 입혀 놓은 완벽주의의 옷을 벗는 것이다. 이 옷을 벗어 버리는 것이다. 네가 할 부분은 그것을 원한다고 적고 선포하는 것이고 나머지는 내가(하나님) 할 것이다."

회복은 몇 주 동안 천천히 일어났다. 나는 이 문제에 대해서 아무것도 할 수 없음을 더 절실히 느낄 뿐이었다. 2006년 7월 28일, 나는 TV에서 영화를 보고 있었다. 외상후장애(PTSD)를 앓고 있는 남자아이에 관한 영화였다. 주인공인 이 아이는 자기를 둘러싼 현실을 전혀 의식하지 못하고 망각하고 살아가고 있었다. 영화에서 의사가 "어두움 속에서 이 아이는 지금 자기가 나올 길을 찾고 있다"고 말했다.

나는 이 의사의 말을 들었을 때 내가 믹과 결혼생활을 할 때를 기억했다. 거의 제정신을 잃고 고통에서 나를 지키기 위해 풍선 속으로 들어가던 느낌이 기억이 났다(3장). 나는 이제 경험을 통해 이런 기억이 내게 찾아 올 때는 곧바로 하나님께 기도해야 함을 알았다. 기도하면서 나에게 일어난 일을 기억해 내며 그 기억 속으로 하나님이 들어와 주시기를 간구했다. 이렇게 기도하면 나는 주님께서 그 상황으로 들어오시고, 그 사건이 일으켰던 고통을 주님이 치유하시는 것을 경험하곤 했다(이런 치유의 기도에 대해 더 깊이 알기 원하시는 분들은 Briar Whitehead라는 작가의 〈Craving for love〉 14장(나는 사랑받고 싶다), '치유와 무의식'을 꼭 보시기 바란다).

그런데 한번은 나에게 과거의 한 장면이 구체적으로 떠오르는데 예수님이나 하나님이 등장하시는 게 아니라 십자가만 본 적이 있었다. 십자가는 검고, 피가 묻어 있고, 더럽고 끈적거리는 것이 묻어 있고 비틀려진 것이었다. 그리고 내가 보였는데 내가 풍선 속에서 나와서 그 십자가를 붙들고 있었다. 십자가에 모든 오물이 있음에도 나는 그 십자가를 사랑했다. 나는 그 십자가에 입맞추고, 나의 모든 존재 가치를 그 십자가에 두고 십자가를 붙들었다. 십자가를 놓는다면 나는 제정신이 아닌 삶을 살아가게 될 것이기에 나는 그 흉한 십자가에 완전히 의존하고 있었다. 십자가가 내 생명줄이었다. 그리고 내게 허락된 최고의 선물이었다. 얼마나 이 영상이 생생했는지 기도가 끝나고 한 시간이 지나도록 그 십자가에 묻어 있던 것이 내 얼굴에 계속 묻어 있는 느낌이 들 정도였다.

나는 다음날 이 영상을 묵상하던 가운데 내게 말씀하시는 하나님의 음성을 들었고 일기장에 이렇게 적었다.

"알리야. 나는 너를 너무나도 사랑한단다. 이 진리를 붙들어라. 네가 그 풍선 속에 있을 때가 너의 인생에서 가장 어둡고 낮은 곳에 있었을 때야. 지옥 바로 근처까지 갔었던 거야. 바로 그 자리에서 나는 너에게 선물로 십자가를 주었단다. 그 누구도 너를 나와 같은 사랑으로 사랑할 수는 없단다. 이 세상은 꽃, 초콜릿, 보석을 사랑의 증표로 생각하지만, 너를 향한 나의 사랑의 증표는 초라하고, 추한 십자가란다.

하지만 이 십자가를 받아들이는 사람에게, 나는 생명과 자유를 줄 수 있다. 너의 소중한 모든 것을 내려놓고 이 십자가를 져라. 나의 십자가를 받아들이고 이 십자가만이 네가 진정으로 필요한 것임을 알아야 해. 왜냐하면 네가 필요한 전부가 바로 사랑이니까. 십자가를 보고 붙잡는 것을 너의 삶 매순간에 선택해라. 그리고 지금 너와 같이 어두움의 가장 바닥에 있는 사람과 함께 하는 것을 선택하고 십자가를 전파해라.

지금 네가 한때 있었던 그 어두움의 바닥에 있는 사람들이 내가 주는 나의 십자가를 붙들 기회를 가진 사람들이야. 다른 사람들은 자기 기만과 이 세상이 주는 안락에 속아서 십자가만을 붙들 수 없기 때문이다.

그 순간 나는 내가 십자가를 떠나서는 스스로 아무것도 할 수 없는 자임을 절실히 깨달았다. 오직 예수 그리스도의 십자가만이 나로 하여금 그 환상의 세계에서 나와서 십자가를 신뢰하고 매순간 십자가를 붙드는 삶을 살게 할 수 있음을 알았다.

환상에 빠지는 증상은 계속 나아졌다. 다만 한 가지 환상만큼은 계속해서 나를 붙잡고 있었는데, 내가 너무나 존경하는 사람이 나에게 무엇인가를 잘했다고 칭찬하는 환상이었다. 어린아이가 끊임없는 인정이 필요한 것처럼, 나는 환상을 통해 내게 필요한 인정을 해주고 있었던 것이다. 도저히 이 환상을 멈출 수가 없었다. 내가 깨닫기도 전에 누군가의 목소리가 '참 잘했어'라고 말하고 있었다. 또한 내가 이런 환상을 멈추려 시도하기도 전에 환상은 이미 내 머릿속에 들어오고 지나가 버리기 때문이었다.

수개월 동안 이 문제는 계속되었다. 나는 이 문제를 어떻게 해야 할지 알 수가 없었다. 그때 나는 새롭게 25년 만에 학생이 되어 한국어 수업을 듣는 상황에 놓이게 되었다. 다시 학교에 다니는 기분이었고, 내가 학교 다닐 때 아버지의 완벽주의 그늘에서 얼마나 모든 것을 제대로 해내려고 했었는지 생생히 기억났다. 한국어 수업시간에 나는 혹시 질문을 하면 답을 모를까 봐 극도의 불안을 느꼈고, 끔찍하게 생긴 괴물처럼 불안이 자주 나를 엄습했다.

어느 날 숙제를 하고 있었을 때 나의 불안이 최고조에 달하는 상황이 왔다. 내가 한국어 단어 하나하나를 생각해 낼 때마다 생각나면 교만함이 고개를 들고, 생각이 안 나면 수치심과 불안이 들었다. 나는 이렇게 교만과 수치심 사이를 왔다 갔다 하면서 살아온 나의 삶에 대해 깨닫고 이 두 감정 모두를 가지고 예수 그리스도의 십자가 앞에 가져갔다. 내가 숙제하는 시간은 아주 길었다. 왜냐하면 자주 숙제를 멈추고 십자가 앞에 나가 기도해야 했기 때문이다.

그날부터 나는 한국어 수업을 들으며 느껴지는 모든 우월감, 공포감, 불안감을 매순간 예수님의 십자가 앞으로 가져갔다. 시간이 지나면서 나의 이런 문제가 많이 나아지고, 인정받는 상상의 문제도 서서히 나아지고 있었다.

나는 이제 그 속에 빠져 사는 것이 아니라 실제의 세상 속에서 살고 있으며, 현실의 냉정함과 아픔은 하나님을 의지하며 이겨내고 있다.

10
웰 스프링 사역을 시작하다

회복 기간 동안 나는 성적 상처와 관계의 상처에 관한 수많은 책을 읽게 되었다. 이 책들이 내게 큰 도움이 된 이유는 아마도 이 책의 저자들이 자신의 상함에 대해 너무도 열려 있고 솔직했기 때문일 것이다. 책을 통해 나는 관계 중독, 성 중독, 동성애, 동반 의존, 어린 시절의 성학대의 후유증에서 나온 사람들을 만나게 되었다. 이분들의 상함이 나의 상함과 같은 모습은 아닐지라도 나는 그 사람들의 이야기에 공감했다. 문제의 양상은 달라도 그 밑에 흐르고 있는 이유는 같았다. 우리 모두는 아주 심한 불안정감을 느끼며 자라왔고, 사실 우리 자신이 누구인지를 잘 모르며 살아왔다. 이런 우리를 불쌍히 여기시는 하나님 아버지의 사랑으로 우리는 새로워지고 자신에 대해 새로운 발견을 할 수 있게 되는 것이 공통적인 이야기였다.

나는 하나님께 자신의 상함을 가져가서 그분이 주시는 회복의 기회를 받아들이고 회복을 위한 싸움을 한 사람들을 깊이 존경하게 되었다. 특히 동성애에서 빠져 나온 사람들을 더욱 깊이 존경하게 되었다. 그 사람들은 아마도 자신이 누구인가에 가장 깊은 상처를 받은 사람들이고 그 상처를 직면하고 극복하기 위해 예수님을 깊이 의존해야 했던 사람들이었다. (Leanne Payne이라는 작가가 〈동성애, 온전한 변화를 위한 시작〉의 서문에서 말한 것처럼, 그분들은 크리스천으로 사는 진정한 삶, 예수 그리스도를 깊이 의지하는 삶을 살고 있다. 크리스천의 삶에서 가장 중요한 이 진실이 요즈음 '건전한' 크리스천 사이에서는 빠져 있다.) 그래서 오히려 동성애에서 빠져 나온 분들이 우리에게 진정한 크리스천이 되는 길을 가르쳐 줄 수 있다고 생각된다.

하나님은 내가 한국에 있는 동안 얼마나 상했는지 보여 주셨고, 나를 회복시켜 삶을 완전히 바꾸어 놓으셨다. 나는 인터넷을 통해서 이런 회복사역에 전념하고 있는 많은 서양의 단체들을 알게 되었다. 이런 단체나 조직들은 특정한 분야를 전문으로 사역하고 있었다. 이런 단체들은 특정한 문제에 빠져 있는 사람들에게 상담과 지지 그룹을 제공하고 있었다.

이런 단체에 대해 알게 되면서 나는 한국에서도 이러한 사역이 필요함을 느끼게 되었다. 성 중독, 관계 중독 문제를 다루는 한국어로 된 책들을 찾아보았다. 하지만 이런 문제에 관한 책들은 거의 없었다. 나는 한국에도 이렇게 특정한 문제를 가진 사람들을 돕는 단체가 생기게 해달라고 하나님께 기도드리고 또 기도드렸다. 몇 개월 동안 기도한 나에게 주신 하나님의 응답은 아주 단순했다. "네가 하렴."

갑자기 나의 삶의 모든 과정이 이해되기 시작했다. 내가 지난 20년 동안 하나님께 받아온 꿈, 비전들이 다 이해가 되었고, 모든 것이 너무나도 확실해졌다. 하나님께서 나의 삶을 통해 하고 싶으셨던 일이 있었고, 이것을 위해 나는 준비되고 있었던 것이다. 지난 30년 동안 나는 하나님께 나를 써달라고 기도했다. 그러면서도 하나님이 내 기도에 응답하지 않으신다고만 생각했다. 그러나 하나님은 계속해서 나의 기도에 응답해 오고 계셨다. 지난 46년 동안 하나님은 성과 관계로 상한 한국인들을 도울 수 있도록 나를 준비시켜 오신 것이었다.

왜 나일까? 왜 혼자 사는 영국 중년 여성인 나일까? 솔직히 잘 모르겠다. 하지만 옛적부터 하나님은 가장 어울릴 것 같지 않은 사람을 사용하셔서 가장 이루어질 것 같지 않은 일들을 이루어 오신 분이다.

나는 '상함'이라는 것 외에 이 사역을 할 자격이 하나도 없다. 내가 아파하는 분들에게 줄 수 있는 것도 하나님이 내 안에 이루어 오신 것 외에는 아무것도 없다. 내 안에 이루신 하나님의 일로 내가 얻은 열매는 이것이다. 나는 지금 과거의 상함으로 완전히 무너져 있는 사람을 볼 때 하나님이 본래 그들에게 주신 아름다움을 볼 수 있다. 그리고 하나님께서 상한 한 사람 한 사람을 온전히 회복시키실 것을 믿는다.

나는 온전하고 무조건적이고 영원한 우리 하나님 아버지의 사랑이 가장 깊은 거절과 상함의 상처까지도 다 낫게 하실 수 있음을 믿는다. 나는 이제 예수 그리스도의 십자가가 이 세상에서 가장 위대한 사랑의 선물이며, 우리의 어떠한 죄와 고통도 다 씻어낼 수 있는 힘이 있음을 믿는다. 그리고 하나님 아버지의 사랑 안에서 살아가는 것을 배우는 것이 이 세상에서 가장 놀라운 경험임을 믿는다. 나는 나의 경험을 다른 사람들과 나누기 원한다. 나는 하나님께서 그들의 상함으로 들어가셔서 회복시키시는 것을 볼 수 있기를 간절히 원한다.

이제부터 하나님 아버지와 내가 함께 해야 할 일은 상한 자들을 찾아 나서는 것이고 그 사람들을 하나님의 사랑으로 인도하는 것이다. 이 일을 하나님과 나는 손에 손을 잡고 영원히 함께 해나갈 것이다.